VOYAGE
DE TERRACINE
A NAPLES.

VOYAGE DE TERRACINE A NAPLES,

PAR FERDINAND BAYARD,

Ancien Capitaine d'Artillerie, Membre de la Société des Sciences, Lettres et Arts, et de l'Athénée des Arts de Paris, Auteur du Voyage dans l'intérieur des Etats-Unis, &c.

A PARIS,

Chez PRAULT, Imprimeur-Libraire, grande rue Taranne, N.° 749, à l'Immortalité.

Et LEVRAULT, frères, Imprim.-Libr. quai Malaquai.

AN XI DE LA RÉPUBLIQUE.

DISCOURS

PRÉLIMINAIRE.

L'ITALIE a toujours été un vaste champ d'observations et de grandes pensées. Berceau des lettres, à leur renaissance en Europe, dépôt intact, jusqu'à nos jours, de ce que l'antiquité produisit de plus parfait en peinture, en sculpture et en architecture, les artistes se rendaient en foule dans ce vaste Muséum, pour saisir le secret du fini et du grand : les hommes de lettres venaient pour y lire, en quelque sorte sur le sol, les œuvres de Virgile, celles d'Horace, et quelques pages d'Homère. Ceux enfin qui ont reçu de la nature ce coup d'œil qui saisit tous les rapports, cette organisation divine que tous les genres de beauté et de grandeur émeuvent, allaient encore en Italie évoquer les ombres de ses grands hommes, les réunissaient sur le théâtre de leur gloire, et assistaient à leurs sublimes entretiens.

Si l'Italie pouvait offrir des modèles et des jouissances aux législateurs, aux gens de lettres, aux guerriers et aux artistes de tous les pays, combien les événemens de la dernière guerre n'ont-ils pas ajouté, pour un Français, à tous les attraits qu'elle lui présentait, avant cette grande époque dans la politique de l'Europe ?

Un Français n'est plus condamné à ne voir dans le territoire de l'Italie que celui de la métropole des Gaules soumises par Jules-César; aujourd'hui c'est le théâtre où les descendans de Brennus ont soumis Rome et l'Italie à l'empire des Gaulois. Des souvenirs humilians pour ses ayeux ne font plus rougir son front. Il peut, sans en souffrir, entendre parler de toutes les conquêtes du peuple Romain.

Il peut, sans embarras, fixer toutes les effigies des généraux de Rome; les campagnes de ses compatriotes font pâlir l'éclat d'une gloire qui blessait la dignité nationale.

Ces considérations m'ont déterminé à joindre à mon voyage, le précis des campagnes des généraux Brune et Championet, et à caractériser celles du général qui donna l'exemple des succès rapides, décisifs et permanents.

Si cette intéressante partie de l'Europe jouit, depuis tant de siècles, du droit d'attirer l'attention de tous les genres de talents, de les exciter par l'émulation, de les développer par ses modèles; j'ai pensé qu'une de ses portions où se trouve en très grand nombre les objets qu'on venait admirer en Italie, pouvait être offerte au public, et mériter son attention. Des monuments et des souvenirs de divers genres, une nature belle et féconde, près d'une nature convulsive et sépulcrale, offrent des tableaux qui, pris isolément, sont dignes de fixer nos regards, et qui réunis, produisent toujours un grand effet.

J'ai parlé de l'ancien systême politique de l'Europe, sans développer les principes de celui qui l'a remplacé depuis longtems, quoique ce changement ne fût pas avoué par les cabinets, et que la France luttât vainement pour la conservation du premier. Ce développement m'aurait entraîné dans une digression trop étendue, puisqu'il aurait fallu présenter d'abord la carte diplomatique de l'Europe (1), c'est à-dire, la puissance absolue de chaque Etat, ses rapports géographiques, ses rapports absolus d'alliance, ses rapports sécondaires d'alliance, ses rapports éventuels d'alliance, ses rapports forcés d'alliance; qu'il aurait fallu ajouter à ce volumineux travail, l'exposé des

(1) Ce travail est très-avancé, et sera publié.

principes d'action des Etats dans leur unité ou dans leur combinaison, celui des principes de réaction dans les deux cas précédens, etc.

Celui qui me demandera comment l'Italie a pu faire naître des idées sur la diplomatie moderne, ignore sans doute que cette portion de l'Europe renferme un avenir qui doit vivement intéresser la nation Française.

Si l'on trouve dans ce voyage les noms de Tibère, de Caligula, de Néron et autres, qui rappellent des vies souillées de presque tous les crimes, c'est que je ne devais point altérer la règle que suit l'histoire.

L'immortalité qu'elle accorde à tous les hommes publics, illustres ou fameux, est tout à-la-fois la plus belle récompense du génie de l'héroïsme et de la vertu, et le plus redoutable châtiment du crime ; les siècles ne peuvent le soustraire à l'exécration des siècles. En vain il s'enfonce dans la nuit de l'éternité, l'histoire l'y poursuit. Elle le saisit à chaque pas et déchire le manteau de l'oubli qui le déroberait enfin aux regards de la postérité.

La liste des volcans connus, qui sont en activité sur notre globe, et l'inspection des cartes géographiques, donneront au lecteur une idée précise des lieux que la nature choisit communément pour amonceler ces énormes masses de soufre, de bitume, de nitre, de tourbe, d'alun, de charbon de terre, de pyrites, etc. » dont l'explosion est si violente, qu'elle produit par sa réaction, des secousses assez fortes pour ébranler et faire trembler la terre, agiter la mer, renverser les montagnes, détruire les villes et les édifices les plus solides, à des distances même considérables «.

» Ces effets, quoique naturels, continue Buffon, ont été regardés longtems comme des prodiges, et quoiqu'on voye en petit des effets assez semblables à ceux des volcans, le grand, de quelque nature qu'il soit, a si fort le droit de nous étonner, que je ne suis pas surpris que quelques auteurs ayent pris ces montagnes pour les soupiraux d'un feu central, et le peuple pour les bouches de l'enfer. L'étonnement produit la crainte, et la crainte la superstition. Les habitans de l'île d'Islande croyent que les mugissemens de leur volcan, sont les cris des damnés, et que les éruptions sont les effets de la fureur et du désespoir de ces malheureux.

» Tout cela n'est cependant que du bruit, du feu et de la fumée. Il se trouve, dans une montagne, des veines de soufre , de bitume, et autres matières inflammables ; il s'y trouve en même tems des minéraux, des pyrites, qui peuvent fermenter, et qui fermentent en effet toutes les fois qu'elles sont exposées à l'air ou à l'humidité ; il s'en trouve ensemble une très-grande quantité ; le feu s'y met, et cause une explosion proportionnée à la quantité des matières inflammables, et dont les effets sont aussi plus ou moins grands dans la même proportion ; voilà ce que c'est qu'un volcan pour un physicien. Il lui est facile d'imiter l'action de ces feux souterreins, en mêlant ensemble une certaine quantité de soufre et de limaille de fer, qu'on enterre à une certaine profondeur, et de faire ainsi un petit volcan dont les effets sont les mêmes, proportion gardée, que ceux des grands ; car il s'enflamme par la seule fermentation, il jette les pierres et la terre dont il est couvert, et il produit de la fumée, de la flamme, et des explosions. «

VOYAGE DE TERRACINE A NAPLES.

CHAPITRE PREMIER.

TERRACINE est bâtie à l'extrêmité d'une chaîne de montagnes qui fut la frontière des peuples Volsques. On lui donna le nom d'*Anxur*, qu'elle devait à un temple de Jupiter surnommé *Anxur* ou sans barbe. Horace en parlant de cette ville (1), dit : *nous entrons ensuite dans Anxur située sur la croupe d'un rocher que l'éclat de sa blancheur fait appercevoir de fort loin.*

. atque subimus
Impositum saxis latè candentibus Anxur.

On pense qu'elle fut fondée par des Spartiates qui fuyaient l'austérité des

(1) Satyre V, liv. I.er

loix de Lycurgue. La Méditerranée baignait le pied des murs de Terracine ; mais les flots de la mer se sont tellement retirés, que des jardins couvrent aujourd'hui l'espace sur lequel des vaisseaux flottaient autrefois. Ce port était praticable du tems d'Antonin le Pieux, qui le restaura, et Pie VI, auquel on doit le desechement des marais Pontins, voulut imiter Antonin, mais ne put voir achever que la cinquième partie de cette utile entreprise.

Rome, après avoir subjugué les villes du Latium, envoya ses troupes victorieuses assiéger Anxur, qu'elles prirent l'an 349 de l'ère Romaine, époque du tribunat militaire de Fabius et de Servilius : les Volsques qui la possédaient les premiers, la reprirent aux Romains qui s'en emparèrent de rechef l'an 424, et la conservèrent : ils en firent une colonie très-fréquentée parce qu'elle est traversée par la voie Appienne, que son port la rendait commerçante, et que ses environs et son climat sont très-agréables. Son climat est plus doux que celui de Rome. Les premiers pois et les premiers melons mangés dans cette capitale, viennent de Terracine. Le palmier qui ne croît et ne se conserve près de Rome, que dans les lieux à l'abri du vent du nord, orne les jardins de l'ancienne Anxur, quelque soit leur exposition; et l'*agare*, autrement l'*aloès*, ainsi que l'*opontia*, croissent sur toutes celles de ses collines qui font face à la mer. De cette ville on voit les marais Pontins et le mont Circé.

Les monuments de Terracine sont un temple d'Apollon, bâti en quartiers de pierre calcaire sans poli, par C. Posthumius, fils de Pollion, ainsi qu'on le lit sur une frise de cette édifice dont on a fait une cathédrale. Au sommet de la montagne sur laquelle Terracine est située, on trouve les restes du temple de Jupiter *Anxur*, et des fragments de colonnes et de chapitaux. Près de ce temple sont les ruines d'un théâtre. La ville moderne occupe l'espace inférieure de l'ancienne qui recevait ses eaux par un aqueduc percé dans la montagne.

Le mont Circé qu'on découvre de Terracine, est à douze milles de cette ville; il a 1500 pas d'élévation, et présente un amphithéâtre que forment neuf collines; Homère dit qu'il était entourré d'eau; mais quoiqu'il soit uni au promontoire, et le fût déja du tems de Théocrate, l'inspection du terrein prouve l'exactitude de la description que nous lisons dans le dixième livre de l'Odissée. Ce mont fut le théâtre des aventures amoureuses d'Ulisse et de ses compagnons : leur métamorphose qu'on attribue à des breuvages composés de simples, est une fiction que permet la nature des productions du mont Circé; car aucun lieu n'offre plus abondamment une plus grande variété de végétaux. Aristote en parlant de ces plantes, dit qu'un grand nombre d'entr'elles sont venimeuses, et qu'il s'en trouve une dont le poison est si actif, qu'il suffirait de recevoir une goutte d'eau qui l'aurait touchée, pour mourir sur le champ. Cette assertion sur l'espèce des végétaux, est d'abord très-exagérée; et quant à la plante *morti-fère* dont le danger est si imminent, elle n'a porté depuis long-tems le deuil dans aucune famille: l'auteur inconnu des notes que j'emploie, la chercha vainement pendant une herborisation de quinze jours (1).

(1) Le C. Cubières aîné, m'a dit qu'il trouva dans les environs de Terracine, le *toccicodendron* dont le suc est un venin si actif, qu'il suffit de le poser sur l'épiderme pour y exciter une éruption considérable, quelquefois pour amener un gonflement du corps qui demande les prompts secours de la médecine. C'est

On trouve au sommet du mont, les débris d'un temple dédié à Circé, qui laissent voir les trois différents âges d'architecture correspondants exactement au tems de sa fondation et aux époques de ses deux restaurations. Ce temple était désservi par des prêtresses que leurs connaissances en botanique rendaient utiles. Les cures qu'elles opéraient leur avaient acquis une confiance si étendue, que de toutes les parties de l'Italie on leur portait des offrandes, si l'on en croît les inscriptions que le tems n'a pas encore effacées.

Le premier myrthe exporté de la Grèce, fut planté sur le mont Circé dont le climat est délicieux, les figues renommées, et qui produit un vin

---

peut-être cette plante qu'Aristote désigne sans la nommer, mais dont le venin n'est pas aussi subtil qu'il le pensait.

rouge, égal à nos meilleurs de Bordeaux.

Les restes de la ville de Circé qui date du tems des Volsques, sont au-dessus de S. *Felice*, le seul point habité du mont.

Ce lieu est situé dans l'enceinte des murs qu'éleva la colonie conduite par Tarquin, l'an 227 de Rome. La ville de Circé fut prise par Coriolan, et détruite par Sylla pour avoir suivi le parti de Marius. Il paraît que cette vengeance odieuse, comme toutes celles qui retombent sur l'innocence et l'erreur, ne fut pas aussi destructive qu'elle semblait devoir l'être, ou fut réparée en partie; car Octave-Auguste exila dans cette ville Lépide qui laisse d'éternels souvenirs de mépris pour avoir momentanément partagé l'empire du monde : c'était, dit Montesquieu, le plus méchant citoyen qui fut dans la république; toujours le premier à commencer des troubles, formant sans cesse des projets funestes auxquels il était obligé d'associer de plus habiles gens que lui.

En sortant de Terracine par la porte du port, le premier objet digne de fixer l'attention, est la voie Appienne percée à travers la montagne. Cet ouvrage porte le caractère de longs et prodigieux efforts, comme ceux du peuple qui dans tous ses travaux publics faisait connaître ainsi comment les hommes et les nations s'élèvent à la grandeur, cet ouvrage, dis-je, fut entrepris sous la censure de M. Valerius Flaccus, et de M. Porcius Caton. Le chiffre CXX, indique la plus petite perpendiculaire de l'excavation. La voie Appienne forme dans cet endroit un défilé que Minucius défendit vaillamment contre Annibal, quand ce grand homme voulut le forcer pour envahir le territoire de la république.

La route à quelque distance de Terracine est ombragée de Lantisques, et bordée de bosquets nombreux. Des sources minérales que Martial a célébrées, offrent encore leurs eaux bienfaisantes. Horace leur rend sans doute hommage dans la cinquième Satyre du livre premier, quand il dit en parlant d'Anxur :

> Hic oculis ego nigra meis collyria lippus
> Illinere....

Ce site où la nature a réuni la beauté et la bienfaisance, rappelle un fait qui contraste avec les idées aimables qu'inspirent la fraîcheur et le mystère de ses bosquets, et avec la douce espérance que donne au malade, des eaux qui promettent le retour de la santé. Le dictateur Fabius resserré par les Samnites dans ce lieu étroit, voulut, en brûlant le camp Romain, suppléer par le désespoir au vice de sa position, et livra un combat opiniâtre et sanglant.

Un chemin littoral pour les gens de pied conduit aussi de Terracine à Gaëte : il est couvert dans plusieurs endroits par la montagne qui le borde, et en forme alors une galerie souvent très-étroite. On pense que Cicéron le parcourut pour se rendre à sa maison de campagne de Formies, quand les furies de la proscription l'exilèrent de Rome qu'il avait sauvée. Pourquoi ne pas donner à ce sentier le nom de Cicéron? élévation d'ame, éloquence, toutes les vertus furent unies à tous les talents dans cet émule de Démosthènes. Donnons le nom de l'homme juste à la voie par laquelle il se soustrait aux coups de l'iniquité : ce ne sera pas seulement pour sanctifier la terre qu'il aura foulée, mais encore pour étendre sur cette terre la honte des méchants qui l'auront persécuté. La malédiction du voyageur, contre les ennemis de l'innocence, montera vers le ciel au premier pas qu'il fera, et son horreur s'accroîtrra avec tous ceux qui lui resteront à faire. Il est vrai qu'ici cette horreur éprouverait une forte diversion, car on voit bientôt Sperlonga sous laquelle est la grotte naturelle dont les ténèbres dérobaient aux regards de Tibère, la vue de l'espèce humaine qu'il déshonora. Ce monstre se plaisait dans les cavernes obscures, dont l'épaisse voûte et la solitude profonde le mettaient à l'abri de la foudre et de la juste vengeance des Romains.

CHAPITRE II.

APRÈS le passage de Portella, on entre dans la plaine de Fondi, partie du royaume de Naples. Cette plaine a le double avantage d'une grande fertilité et d'une température très-douce. De beaux citronniers ornent et parfument ses champs. En suivant la route qui conduit à cette capitale, on voit à gauche le lac de Fondi. Cette petite mer dont la largeur varie, a 9 milles de long, et est appellée par Pline *Angelanus Sinus*, de la ville d'Angella qu'on voyait sur ses bords. Ce lac très-poissonneux, renferme surtout beaucoup d'anguilles. Il baigne le pied du mont Cecube qui produisait ce vin doux et épais que l'on cuisait, si l'on en croit Martial, et que l'on mêlait à des vins plus légers, si l'on en croit Horace. Comme ces deux opinions peuvent être vraies selon les tems, ou à la même époque, nous ne nous livrerons point à des recherches pour les concilier ou pour faire un choix. Pline assure que de son tems ces vins avaient perdu de leur qualité autant par la mauvaise culture que par les dégats que firent éprouver à leur vignoble les travaux du canal ordonné par Néron.

Après avoir admiré la richesse de la pleine de Fondi, il faut se diriger vers la ville de ce nom, non pour y trouver un nouvel *Aufidius Luscus* (1), chargé de ridicules, et rire de sa sotise

---

(1) Nouveau parvenu, dont Horace dit :

Fundos Aufidio Lusco prætore libenter
Linquimus, insani ridentes præmia scribæ,
Prætextam, et latum clavum prunæque batillum.

Nous quittâmes avec joie Fondi, dont était prêteur Aufidius Luscus ; mais ce ne fut pas sans avoir ri de ce magistrat de fraîche date, autrefois commis, qui tranchait du sénateur et de l'homme de qualité.

Satyre 5, liv. prem.

comme le firent Horace, Mécène, Coeccius et Fonteius Capiton ; mais pour examiner des murailles qui portent le cachet de la plus haute antiquité. Les murs de cette ville sont construits en quartiers de pierre unis sans ciment ; ils sont de figure irrégulière taillés sur place, et tous leurs angles sont tellement correspondants qu'on pourrait enlever plusieurs de ces quartiers sans faire péricliter le pan de mur d'où on les détacherait. Cette architecture doit être Volsque ; mais ce qui est incontestable, c'est que Rome et ses environs où l'on trouve tous les genres de construction, n'en offrent aucun de cette espèce. Ce n'est que dans quelques autres parties de l'Italie où l'on rencontre des édifices bâtis comme les murs de Fondi. Albe, près du lac Suzin, a un temple antique d'ordre Toscan, dont les fondements font voir cette manière de construire; on la trouve plus belle qu'à Fondi dans les murs de la citadelle du mont Circé. Il paraît que les anciens Romains n'adoptèrent cette coupe de pierre que pour la taille du pavé de leurs routes consulaires. Elle était connue dans l'empire des Incas. En sortant de la ville on passe près des restes d'un amphithéatre et d'un cirque qui n'offrent rien de curieux à l'observation éclairée d'un ami des arts.

Nous traverserons rapidement les gorges d'Itri, sans nous arrêter au village de ce nom dont les huiles sont estimées ; mais si le voyageur aime les points de vue d'où il découvre la mer et un vaste paysage parsemé de sites romantiques, il s'arrêtera au haut du chemin qui conduit d'Itri à Castellonne. Avant d'arriver à cette ville il faut s'écarter à droite de la voie Appienne, pour voir la maison de campagne de Cicéron près de laquelle les assassins gagés d'Auguste, de Lépide et d'Antoine, atteignirent l'illustre proscrit, et lui coupèrent les deux mains après lui avoir tranché la tête; parce que, dirent-ils, *les mains de Cicéron ont écrit contre l'un des triumvirs.* (1).

Formies excite une curiosité qu'accompagnent bientôt la mélancolie et les regrets. Les objets qui l'environnent sont intéressans, puisque sur l'un d'eux se reposèrent pour la dernière fois les regards d'un grand homme. Cicéron reçut dans Formies Pompée et Jules César. Ce triumvirat aurait présenté une réunion de génie et de gloire digne de la renommée de Rome et de son grand caractère. La force qu'il aurait reçue de sa puissance morale, eût été suffisante pour rendre les rivalités ridicules, et il n'eût point versé de sang

(1) Voyez Sénèque.

pour

pour la conservation d'une autorité qu'il aurait exercée avec la grandeur convenable aux chefs d'un sénat dont l'univers connu recevait les ordres souverains.

Ceux qui jugent les hommes et les choses par les événemens, pensent que César fut plus habile que Pompée; mais si l'on examine le trait de la vie de ces deux rivaux, d'après lequel on les a comparés, il sera facile de voir que les circonstances présentèrent à César des avantages suffisans pour faire pencher la balance en sa faveur.

Pompée avait épuisé la coupe de la gloire et des honneurs, quand César se déclara hautement son rival. Il avait à défendre un rang dont la longue jouissance diminuait à ses yeux et l'éclat et le prix; mais César jaloux d'une si grande autorité, ambitieux de la ravir, attaque Pompée avec l'impétuosité d'une passion que les résistances rendent encore plus furieuse ; il l'attaque avec l'acharnement d'un homme qui, sensible au deshonneur, ne voit que le triomphe ou l'infamie. Il fait arme de tout. Le désespoir et l'ambition le précipitent contre le chef de la république, qui n'oppose aux coups rapides et multipliés de son ennemi, que le calme et la sécurité d'un magistrat chargé de punir un criminel déclaré sacrilège parricide et dévoué aux Dieux infernaux (1). Changeons la position de ces deux compétiteurs ; la fortune reste toujours avec l'assaillant. En effet, quelle différence entre Pompée qui s'élève, et Pompée parvenu au faîte de la gloire ! Le vainqueur de Mithridate ne fut malheureux contre César, que parce qu'il avait été

(1) Un sénatus-consulte dévouait aux Dieux infernaux, et déclarait sacrilège et parricide quiconque avec une armée, une légion ou une cohorte, passerait le Rubicon.

heureux longtems avant lui, et sa chute ne prouve pas qu'il lui fut inférieur en talents.

Le rivage de Formies comprend toute l'étendue que bornent Gaëte, Castellone et Mola di Gaeta. Gaëte n'est point une ville antique; elle fut bâtie avec les débris de Minturnes et de Formies. Cette dernière, dont il ne reste plus que des ruines, est citée par Homère. Il la désigne comme le lieu où Ulisse fut jetté par des vents contraires. Les poëtes l'appellent la ville de *Lamus*, et Strabon dit qu'elle doit son origine à des peuples de la Laconie : Rome récompensa sa fidélité en lui accordant, dès l'an 417, le droit de cité.

Le rivage de Formies fut célèbre par ses délices. Les Romains opulents l'embellirent de toute la pompe de l'architecture. Il était couvert de maisons de plaisance, dont la majesté, l'élégance et la richesse le disputaient au faste qu'étalait l'orient avant sa conquête par les armes de Rome.

On voit les restes de l'ancien port de Formies à un quart de mille du rivage. Les décombres de son amphithéâtre ont été employés à la construction du môle de Gaëte.

CHAPITRE III.

En s'approchant de cette ville, on trouve un monument sépulcral élevé à L. Atratinus. On pense que celui dont il renferme la cendre, était cet ami de Cicéron qui, fatigué de la vie, se donna la mort dans un bain, après avoir légué ses biens à Auguste. Un monument du même genre fut élevé à *Fonteius*, et donna son nom au lieu où il fut placé, qu'on appelle Fonteia : enfin un troisième appellé aujourd'hui *Torre* d'*Orlando*, rappelle Munatius Plancus, tribun, trois fois consul, censeur avec Paul Emile-Lépide, vainqueur des Suisses, et fondateur de la colonie de Lyon. Des dignités éclatantes et des actions glorieuses, présentent d'abord *Munatius* aux respects de la postérité; mais comme son tribunal recherche toutes les actions, et que son œil ne peut être ébloui par le faste des titres, il découvre des traits qui contrastent avec la gloire des triomphes de ce Romain, et avec celle de la fondation d'une ville célèbre. Munatius acheta l'amitié d'Antoine par de basses complaisances pour Cléopâtre. Il écrivait et portait lui-même les lettres amoureuses de son patron, et une telle condescendance peut en faire soupçonner de plus indignes de la part d'un courtisan qui osa le premier affronter et vaincre la honte que les Romains attachaient à l'exercice de l'art dramatique. Munatius fit voir pour la première fois un patricien et un homme consulaire dégradé dans les rangs des histrions, pour plaire à la maîtresse de son protecteur ; mais cette abjection pour Antoine eut un terme. Ceux qui se dégradent devant les favoris de la fortune, sont inconstans comme la Déesse qu'ils adorent dans les objets de sa partialité. A peine Octave l'emporte-t-il sur son collègue, que Munatius Plancus offre au rival heureux de son ancien ami, tout le zèle, tous les soins qu'il avait prodigués à Antoine. Courtisan d'Octave, il le fut de Tibère qui lui accorda sa confiance, et l'envoya près l'armée en révolte que commandait Germanicus. Munatius n'entendit plus parler à cette nouvelle cour, de tendres soupirs, de spectacles qui attirent l'aimable essain des plaisirs délicats. Ses talents pour l'élégie et pour la scène galante étaient sans emploi. Il fallait à Tibère des bourreaux et des assassins. Sera-ce Munatius qui fera couler le poison dans les veines de Germanicus? non, mais les flambeaux de l'hymen qu'il allume, n'éclairent-ils pas l'horrible mystère d'une union qui est le prix du sang d'un héros, et Plancine sa fille, ne fut-elle pas l'épouse de Cneius Pison, accusé d'avoir empoisonné Germanicus? . . .

Le monument élevé au beau-père de Pison, fut placé sur le sommet de la colline qui domine Gaëte, et est aujourd'hui un fort de médiocre étendue. Au pied de cette élévation on trouve les ruines du palais de Faustine, épouse de Marc Antoine.

Strabon pense que Gaëte tire son nom de la courbe de son rivage, qui forme un petit golfe où Virgile suppose que la flotte des Troyens fut incendiée. La cathédrale de Gaëte est bâtie avec les matériaux du sépulcre de Sempronius Atratinus, avec ceux d'un temple d'Apis, et d'une maison de campagne d'AEmilius Scaurus. Elle n'offre aux recherches des curieux, qu'un beau vase antique de marbre de Paros, sur lequel on voit une danse de Bacchantes, Mercure, Leucothe, et une inscription qui porte que ce vase fut fait par Salpion, Athénien. Il servit aux ablutions religieuses du paganisme, et est aujourd'hui consacré au batême des chrétiens.

On voyait autrefois dans cette ville le monument sépulcral d'un Vitruve, qu'on croit être le célèbre architecte dont nous admirons les beaux ouvrages.

Près du port, et dans le lieu appellé l'Arcella di S. Andrea del Sole, sont les ruines de la maison de campagne de M. Philippus, époux de Julie, sœur de Jules César; Cicéron le peint dans ses lettres à Atticus, comme un personnage fort ennuyeux, et ajoute: » il » n'est pas un de ces hôtes à qui l'on » dit, je vous reverrai avec plaisir «.

Dans un site plus bas, et non loin de la maison de campagne de Philippus, est la route antique et un pont restauré, sous lequel passent les eaux d'une fontaine qu'on croit être cette Artacia qu'Homère a célébrée.

L'inspection de la plage qui s'étend depuis Gaëte jusqu'à Formies, suffit pour donner une idée de la magnificence que devait étaler ce rivage couvert de palais et de temples, dont les flots de la mer baignaient les bases. Martial, en chantant les charmes de ce lieu, dit entr'autres, *que le plaisir de la pêche s'y offrait sans les dangers qui l'accompagnent ailleurs ; qu'on pouvait, sur ce rivage, jetter l'hameçon de sa fenêtre, et pêcher son dîner sans bouger de son lit.*

CHAPITRE IV.

NOUS nous dirigerons vers le passage du Garigliano ; avant d'y arriver, les ruines d'un amphythéâtre et d'un aqueduc, nous marquent l'emplacement de la ville de Minturnes. Elle fut bâtie par les Ausones non loin de l'embouchure du Lyris ; c'est ce qui détermina sans doute Strabon à lui donner le surnom de maritime. La voie Appienne était à deux portées de fusil du point où l'on passe aujourd'hui le Garigliano, ou le Lyris des anciens. On voit encore des deux côtés du fleuve, les jettées du pont antique appellé Tyretius, dont Cicéron parle dans une de ses lettres à Atticus, et une partie des arcs qui portaient les gradins du théâtre de Minturnes.

Elle fut habitée par les Ausones, les Volsques, les Samnites et les Romains.

Le sort des combats varia sa population jusqu'à l'an 439 de Rome, où elle fut réunie pour toujours au territoire de la républiqne.

L'air des environs de cette ville est mal sain, à cause des marais formés par le Garigliano. L'ombre de Marius, enveloppée des vapeurs infectes de ces eaux stagnantes, semble menacer le voyageur d'un double danger.

On se rappelle que ce chef de parti vaincu par Sylla, s'enfuit à Minturnes, et se cacha dans la fange des marais formés par le Lyris. Non loin de là était un temple dédié à la nymphe Marisca, dans lequel Marius fit placer un tableau de sa vie; il était facile à faire. La carte de la république arrosée du sang de ses citoyens, couverte de cadavres et de ruines, aurait présenté l'histoire de ce féroce factieux.

» Je supplie, dit Montesquieu, qu'on me permette de détourner les yeux des horreurs des guerres de Marius et de Sylla : on en trouvera dans Appien, l'épouvantable histoire. Outre la jalousie, l'ambition et la cruauté des deux chefs, chaque Romain était furieux. Les nouveaux citoyens et les anciens ne se regardaient plus comme les membres d'une même république, et l'on se faisait une guerre qui, par un caractère particulier, était en même tems civile et étrangère «.

Quand j'entends les cris plaintifs des victimes de l'ambition personnelle de Marius et de Sylla, quand je vois ces deux chefs allumer les torches de la discorde, verser des flots de sang, comment pourrai-je examiner s'ils mirent de l'habileté dans les ravages et les meurtres dont ils remplirent leur patrie ? quand tout, autour d'eux, gémit, seigne et s'écroule, puis-je voir autre chose que la scène de désolation qui frappe mes regards et me pénétre d'horreur ? puis-je les détourner pour admirer l'adresse de deux monstres qui augmentent et prolongent l'horreur de ce spectacle par cette adresse elle-même ? écartons ces souvenirs, éloignons-nous des marais qui les rappellent, et hâtons-nous de tracer le cours du fleuve.

La source du Garigliano est dans la vallée de Roreto. Il est une des limites du royaume de Naples, jusqu'à Caprano où il reçoit le Sacco. Il se jette dans la mer sous le *Passo di trajetto*, site de l'ancienne ville de Minturnes. Après avoir traversé ce fleuve, on entre dans la plaine de Sessa, autrefois l'*Ager Vescinus*, qui s'étendait depuis le Lyris jusqu'à *Monte Dragone*, où fut située l'ancienne ville de Sinuesse, fondée par les Grecs Pélages, à leur retour de la Thessalie.

Les bains, les eaux minérales de Sinuesse, et son climat, étaient réputés si salubres, que Tacite nous dit qu'on conseilla à l'empereur Claude de résider dans cette ville, pour y rétablir sa santé.

Sessa est l'ancienne *Suessa Aurunca*, distincte de *Suessa Pometia*, et qu'on appelle aujourd'hui *Sessa* près *Piperus*. La première de ces villes est située au pied des monts *Aurunci*, qui portaient le nom de leurs habitans ; il paraît que ces hommes en prirent un autre, ou que les Grecs leur donnèrent celui d'*Ausones*, quand ils abordèrent en Italie pour la première fois. Ces étrangers pensèrent que les Ausones étaient le plus ancien peuple de la presqu'île où ils débarquaient, qu'ils nommèrent Ausonie, parce que les Ausones occupaient toute la partie de l'Italie comprise entre Terracine et le détroit de Sicile, et que ce furent les premiers hommes qu'ils trouvèrent sur cette terre. Strabon n'est point d'accord avec les auteurs qui le précèdent, sur les premiers habitans de l'Italie. Le témoignage des Grecs est en opposition avec celui des écrivains qui pensent que les Umbres, peuple Celte d'origine, habitèrent les premiers l'Italie; qu'on les appelloit Ambroni, du nom d'Embrun, ville de France, leur capitale primitive.

Ce qu'il y a de certain, c'est que Sessa fut fondée par les Ausonnes. L'histoire de cette ville offre un phénomène moral qui lui fait beaucoup d'honneur; c'est la conservation de ses mœurs pures et simples, au milieu d'états livrés à l'ambition, à l'amour du luxe et de la molesse. Les mœurs antiques étaient encore révérées dans Sessa, quand elle fut ravagée par Marc-Antoine.

Elle est située sur une colline charmante, d'où l'on voit les monts Massique et Ofellio. Ce dernier doit probablement son nom à un Ofellius, grand propriétaire,

propriétaire, dont on lit le nom sur les restes de l'un des bâtiments qu'il y fit construire; Atticus donna ainsi le sien au mont sur lequel il possédait une grande étendue de terrain.

Avant d'arriver à Sessa, on trouve les ruines d'un temple et son portique. Cette ville souffrit beaucoup pendant la seconde guerre punique. Sa citadelle fut construite sur l'emplacement d'un temple d'Hercule.

Des capucins habitent un édifice sur lequel on lit une inscription datée du consulat de C. Lentulus et de M. Messala. Ce monument tomba pendant la première année de l'ère chrétienne, et fut rétabli. On voit les ruines d'un théâtre dans le couvent des minimes conventuels.

Les environs de Sessa étaient recherchés par les Romains; Cicéron, entr'autres, y avait une maison de plaisance, dont il parle beaucoup à son cher Atticus. Jules César aimait ce site, et l'épouse de Sylla y passa tout le tems que dura la guerre contre Marius en Asie.

Sessa fut la patrie de Sextus Turpilius, poëte comique, et de Lucilius, poëte satyrique. Ses côteaux sont les premiers de cette chaîne fertile, qui produit des vins si estimés.

Deux routes conduisent de *Sessa* à *Teano*, située au nord de cette ville; la première passe par les montagnes, et la seconde par *S. Agatha* et le village de *Cascano*, dont les habitans fabriquent une grande quantité de poterie d'argille. On trouve sur cette seconde route, un passage difficile, c'est celui où elle est coupée dans des tufs volcaniques; alors elle est tortueuse et facile à fermer. Fabius Maximus profita de l'avantage de ce lieu, pour empêcher Annibal de se porter vers Rome. Projet qu'annonça le général Carthaginois en ravageant les champs fertiles qui sont au pied du défilé. La route qui lie Minturnes , Sessa et Teano, établit une communication entre la voie Appienne et la voie Latine, qui se réunissent à Casilino.

CHAPITRE V.

Teano est l'ancienne *Téanum Sidicium*, appellée ainsi pour la distinguer d'une autre Teanum située dans l'Apulie. La première est sur une colline fertile. Elle a, au sud, les monts Arunci, et est traversée par la voie Latine. Elle fut fondée par les Sedicini. Strabon l'appelle *Urbs magni nominis*. On a deux médailles de cette ville, l'une a pour empreinte une tête d'Apollon, entourée de rayons; on voit au revers une lune avec des étoiles, et l'inscription grecque ΤΙΑΝΩ; la seconde porte une tête de Mars avec un casque, et au revers la figure d'un coq, emblême de la vigilance et de l'audace; un grain de bled sur la tête du coq, désigne la fertilité du pays.

Teano sut conserver longtems sa liberté, par la force de ses armes, la sagesse de son gouvernement, et les mœurs publiques de ses citoyens. Conservation qui la rend plus respectable dans la médiocrité de sa puissance absolue et relative, qu'une liste pompeuse de conquêtes souvent à charge au vainqueur, et presque toujours fatale à la prospérité intérieure et extérieure. Rome et l'immense royaume acquis par l'épée d'Alexandre, offrent deux exemples du danger de trop de gloire, et bientôt quelques états de l'Europe présenteront celui d'une trop vaste ambition. Il faut avouer cependant que les grandes puissances de cette partie du monde, sont obligées, par leur petit nombre et par celui trop considérable d'états sans pondération, de conserver intacte leur force relative, tandis que d'autres ont un besoin réel de l'augmenter, et ont assez d'influence pour provoquer la guerre ; que d'ailleurs toutes ces puissances de premier et de second ordre, seraient trop ou trop peu dépendantes dans tout systême général d'équilibre, et le sont dans celui qu'on essaya vainement de constituer il y a environ deux siècles. Ce systême tant invoqué dans les dépêches, dans les négociations, dans les manifestes, fut dédaigné peu d'années après la sanction solemnelle de tous les potentats de l'Europe.

En effet, trente ans après le traité de Westphalie, appellé *la loi fondamentale et perpétuelle*, la France agrandit son territoire d'une partie des Pays-Bas, et de toute la ci-devant Franche-Comté; ensuite, nous voyons la maison d'Autriche ajoûter à ses possessions une partie de la Transilvanie et quelques territoires en Italie. Si l'on demande d'où vient cette violation, on répondra en disant pourquoi les forces de petits états réunis à celles d'un grand, ne peuvent lutter avec avantage contre deux puissances ou une seule du premier ordre dont la somme des forces serait égale ou même inférieure à celle de cette coalition; et on explique cette inégalité en rappellant qu'il ne peut y avoir de pacte durable entre des petits états faisant la guerre à un état puissant, ou entre ces premiers et le second, parce que les faibles n'offrent point de garantie suffisante de leur fidélité, et que les forts n'en donnent point de leur modération. Pendant la guerre qui précéda la paix de Westphalie, tous les petits états de l'Allemagne changent de parti avec la fortune. La Saxe est l'alliée de la maison d'Autriche, tant qu'elle conserve l'espérance d'avoir Clèves, Berg et Juliers; mais en perdant cet espoir, elle s'attache à la ligue Protestante; ensuite elle abandonne cette ligue par le traité de Prague; et dix années après elle fait une trève séparée avec les Suédois. L'électeur de Bavière lié à l'Autriche, négocie secrettement avec la France en 1630, puis renoue avec l'empereur, et treize années après il signe un traité de neutralité avec la France, qu'il rompt ensuite. Une partie de la maison de Brunswick, le duc de Meckelbourg, la maison d'Anhalt, la branche de Saxe Gotha, le frère du duc de Veimar, et plusieurs villes impériales abandonnent la ligue Protestante dont ils étaient membres. L'histoire de tous les peuples me dispense d'autres citations, et celle du cœur humain ajoûte surabondamment aux faits historiques qui prouvent que le fort et le faible sont infidelles par ambition et par impuissance.

Je reviens à des tems où la co-existence des états dans l'ordre général, n'avait pas encore fait sentir le besoin des principes qui déterminent leur action et leur réaction ; où la politique constamment dirigée par les régles communes de la justice distributive, était peu sujette aux aberrations que lui font éprouver les passions, et était indépendante de l'action des intérêts complexes créés par les progrès de la civilisation : Teano n'avait pas besoin alors des talents d'un Richelieu, ni de ceux du négociateur qui a signé la convention de Paris avec les Etats-Unis, le traité de Lunéville avec l'empire d'Allemagne, celui d'Amiens avec la Grande-Bretagne et ses alliés.

Cette ville était, selon Strabon, le plus considérable de celles qui étaient situées sur la voie Appienne. Elle subjugua Aurunca, et conquit les plaines fertiles que Virgile appelle *Sidicina AEquora*. Tite-Live parle de la longue et sanglante guerre que les habitans de Teano soutinrent contre les Samnites leurs voisins. Parvenue au terme de la décadence, elle resta long-tems dans la médiocrité, et ne réacquit quelque considération que sous Auguste qui lui envoya une colonie.

On trouve dans ses environs une source d'eaux thermales citée par Vitruve. Elle porte le nom de *Caldarelle* et est près de Torre di Francolizi : on en trouve une seconde qui doit être celle que Pline place à quatre milles de Teano. Des cendres, des laves compactes, attestent l'ancienne éruption d'un volcan dont le cratère devait être dans le voisinage de Francolize.

Nous sommes depuis quelque tems dans la Bourgogne de l'Italie. Le mont Massique qui n'est point éloigné de Francolize, produit des vins renommés. Près de Carinola est le petit village de *Falsignano*, dont le vignoble réputé aujourd'hui, était célèbre du tems de Martial qui assure que son vin était le plus délicieux des vins de Falerne. Le poëte donne à ce village le nom de *Fastinianum*.

Les braves de Teano, possesseurs de ces précieuses productions, devaient chanter dignement leurs exploits et leurs amours. Leurs bardes avaient cette verve vigoureuse qui remplit de tons mâles la trompette guerrière, et ces aimables inspirations qui font peindre avec tant de charmes l'amour et ses plaisirs. Il est en effet rare qu'un peuple qui possède de bons vins, n'ait pas beaucoup d'esprit et de courage. Les habitans de la ci-devant Bourgogne sont remarquables par ces deux qualités et par une franchise devenue proverbiale.

La grande route traverse le champ de Falerne depuis le fleuve Savone jusqu'à Capoue. On passe à Tore di Francolize, un petit fleuve qui est le Savo des anciens ; il a sa source près Teano, et coule au pied du mont

Massique où est le pont près duquel Horace dit qu'il passa la nuit (1). Ce fleuve que Statius appelle paresseux, se rend ensuite à la mer et forme des marais sur la plage. Le pont dont parle Horace est très-large, et fut construit avec de gros morceaux de pierre. Près du pont est l'antique voie Appienne qu'on avoit quittée à Minturnes, et qui tourne le mont Massique du côté de la mer.

---

(1) Proxima Campano ponti quæ villula, tectum præbuit, etc.

CHAPITRE VI.

LE champ fertile de Falerne appartint aux Capouans dont les richesses et le luxe, nous dit-on, attirèrent les armes de conquérans moins favorisés de cette fortune qui donne plus de plaisirs que de gloire sans faire connaître le bonheur. Ce peuple ainsi que les Toscans et les Tarentins, étaient les sybarites de l'Italie quand les premiers magistrats de Rome labouraient leur petit patrimoine en sortant du sénat, ou en descendant de leur tribunal. Il faut avouer que si la réputation de molesse de ces peuples n'est effectivement que comparative, des sybarites de cette espèce nous paraîtraient aujourd'hui des peuplades grossières dont les privations épouvanteraient le particulier le moins aisé de la France. Je ne dirai pas comme Voltaire, *ô le bon tems que ce siècle de fer* ! parce qu'il est possible qu'il y ait un cercle de jouissances au-delà duquel les échanges sont au désavantage de notre félicité ; mais j'avoue que lorsqu'on parle de la mollesse des Capouans, pour expliquer leur sujétion, je ne vois pas la différence entre leurs habitudes domestiques et celles des Romains, qui me fasse sentir la cause de la supériorité des premiers : j'aime mieux me l'expliquer par une idée qui rend compte de tout dans tous les états relatifs d'homme à homme, et de peuple à peuple ; c'est que la victoire est toujours pour le plus passionné, c'est-à-dire, pour celui qui attaque de toutes ses forces celui qui ne se défend qu'avec une partie de ses moyens. Ainsi, quand la pauvreté rend un peuple envieux des richesses d'une nation voisine, celle-ci est vaincue, non qu'elle soit inférieure en courage ou en habileté, mais parce qu'elle n'attache pas à sa conservation tout le prix que l'agresseur apporte à la conquête. Si cette considération est vraie, il faut en conclure qu'après le malheur d'acquérir des richesses qui excitent l'envie, le plus grand est de conquérir ces richesses elles-mêmes ; car dans les deux cas on affaiblit relativement le ressort de sa propre grandeur en donnant plus de force à celui des nations rivales.

Les Capouans perdirent leur fertile champ de Falerne, l'an 413 de Rome, sous le consulat de T. Manlius Torquatus, et de P. Decius Mus. Tel fut le sort de tous les petits états qui partagèrent d'abord l'Italie avec les conquérans du monde.

Ce n'est point au hazard qu'il faut attribuer tant de succès, parce qu'en politique la fortune n'est que le résultat de principes invariables dans leur nature, constans dans leur action. Mais quels furent les principes qui constituèrent ce qu'on appelle vulgairement la fortune de Rome ? où les trouver dans une égalité Statistique entre cette république et ses nombreux voisins, au milieu de mœurs, d'habitudes, d'institutions communes aux Romains, aux Latins, aux Herniques, aux Sabins, aux AEques et aux Volsques? Ce ne fut pas le tems qui voit, à la vérité, les peuples naître et disparaître dans son cours éternel, auquel nous attribuerons la supériorité de Rome, puisque trop peu d'années suffirent à son acquisition pour qu'on puisse la regarder comme l'œuvre de cette succession perpétuelle qui est la loi de la nature; les Dieux du Capitole ne l'emportèrent pas sur des images impuissantes comme eux; mais la diplomatie du gouvernement de cette ville célèbre, étendant sa main voilée sur le cœur et la tête de ses rivaux, les armait pour ses propres intérêts

térêts quand ils croyaient ne prendre les armes que pour eux-mêmes ; mais cette diplomatie conquérait des partisans de Rome, dans les pays ennemis, avant que les armées de cet état eussent lancé un seul javelot (1). Elle savait soustraire à propos ces mêmes armées aux chances des combats, et conserver les fruits précaires de la victoire.

Quelle immense avantage ne dut pas donner au peuple, qui la conçut d'abord, cette idée qui changea le carac-

(1) Nous voyons, dans des tems plus rapprochés de nous, les Romains se servir des Capouans pour entrer dans le Samnium. Ils pénètrent dans la Toscane par le moyen de Camérino. Ils s'emparent de la Sicile par l'aide des Messinois. Ils entrent en Espagne par le moyen de Sagonte, en Afrique aidés par Missinissa, en Grèce par les Étoliens. Ils ne soumettent l'Asie que par les secours qu'ils reçurent d'Eumenes et d'autres princes, et la Gaule qu'après avoir gagné Marseille et les Heudens, peuple de la ci-devant Bourgogne, et de quelques autres provinces adjacentes.

tère destructeur de la guerre, soumit ses résultats aux règles d'une raison supérieure, et vint en quelque sorte féconder des ruines? quand la haine, la vengeance et la cupidité parlaient aux cœurs des Latins, des Herniques, des Sabins, des AEques et des Volsques, les négociateurs de Rome libres du joug de ces furieux emportements, et n'écoutant que les conseils de l'intérêt public, avaient, dans leurs relations extérieures, la supériorité de la raison sur des passions aveugles. Rome dans ses traités faisait acheter aux peuples la portion que demandait leur haine ou leur orgueil, aux dépens de celle qu'aurait stipulé leur intérêt national si on l'avait écouté. Elle décuplait souvent cette portion en sa faveur, et s'enrichissait quelquefois de tout ce que la vengeance des autres états arrachait aux ennemis de ces derniers.

La grandeur de Rome a deux époques distinctes; la première est celle où la diplomatie parvint à renverser en Italie l'égalité de puissance qu'entretenaient, pour tous les états, la même circonscription de territoire, ou à-peu-près, les mêmes institutions civiles et militaires, une population à très-peu de chose près égale en nombre, absolument égale en industrie, en courage et en instruction; la seconde époque fut celle où Rome ayant vaincu les plus grandes difficultés, en conquérant les petits peuples de son voisinage, possédant en outre des institutions civiles et militaires, supérieures à celles de ses rivaux (1), les attaqua et les soumit.

(1) Durant les bons tems de Rome, l'enfance même était exercée par les travaux; on n'y entendait parler d'autre chose que de la grandeur du nom Romain. Il fallait aller à la guerre quand la république l'ordonnait; et là, travailler sans cesse, camper hyver et été, obéir sans résistance, mourir ou vaincre. Les pères qui n'élevaient pas leurs enfants dans ces ma-

Rome avait imposé le joug aux villes du Latium, quand elle s'empara du champ de Falerne. Près de ce vignoble, et à droite de la route de Naples, est cette surface fertile appellée Stellates, que Cicéron, dans son discours contre Rullus, peint comme un terrain bas et marécageux qui n'était bon qu'à nourrir des bestiaux. Après avoir passé le fleuve Savone, on traverse la Cales ou la Calvi, petite rivière qui se jette dans le Savo. La source de la Cales est près de Calvi, peu célèbre,

---

ximes, et comme il fallait pour les rendre capables de servir l'état, étaient appellés en justice par les magistrats, et jugés coupables d'un attentat envers le public.

Quand on a commencé à prendre ce train, les grands hommes se font les uns les autres; et si Rome en a plus porté qu'aucune autre ville qui eût été avant elle, ce n'a point été par hazard; mais c'est que l'état Romain constitué ainsi que nous l'avons vu, était, pour ainsi parler, du tempéramment qui devait être le plus fécond en héros.

Bossuet, Discours sur l'Histoire Universelle.

située à quelque distance de Capoue. Annibal campa sur l'espace compris entre cette rivière et la Capoue moderne, quand il descendit pour la première fois de *Samnium* dans la Campanie.

CHAPITRE VII.

L'ANCIENNE Capoue était à quatre milles de la moderne, et tenait le second rang après Cumes, parmi les villes de la Campanie. On ne sait pas avec précision quelle fut son fondateur ; les uns nomment Capys, roi des Albins, les autres un compagnon d'Enée. Quelque soit la peuplade ou le petit peuple auquel elle doit son existence, ce qui importe fort peu, il est certain que sa position était très-heureuse, et que ses habitans en tirèrent un grand parti. Placée dans un site délicieux et fertile, elle étendit son commerce, acquit de grandes richesses et étala un luxe éclatant. Son industrie, ses productions territoriales, sa magnificence, attirèrent dans ses murs un grand nombre d'étrangers. Virgile, Stace, Silius Italicus, Pomponius Mela, l'appellent *Dives industriosa*, *felicissima*, la troisième ville digne de l'empire de l'univers. Les Romains après l'avoir conquise y envoyèrent une colonie tirée des Tribus *Falerina et Stellatia*. Les Capouans faisaient beaucoup de parfums dont la base était la rose de leur territoire, égale en odeur et en beauté à celle de *Pæstum*. Ils furent les premiers qui peignirent ces vases d'argille fabriqués dans la Campanie, et que nous appellons cependant vases étrusques.

Le premier genre d'industrie était propre à amolir les hommes qui s'y livraient, et les habitans d'une ville où il s'exerçait. Tite-Live en parlant des mœurs des Capouans dit : *prona semper civitas in luxuriam, non ingeniorum vitio, sed affluenti copia voluptatum, et illecebris omnis amœnitatis maritimæ terrisque.*

Elle était à ce point de luxe et de

richesse pendant la seconde guerre punique, quand Annibal y établit son quartier général, et la jugea digne d'être la capitale de l'Italie.

Cette ville fut brûlée l'an 455 de l'ère chrétienne, et rétablie par Narsès, général de Justinien; mais elle ne se releva point après les coups que lui portèrent les Lombards et les Sarrasins.

Montesquieu justifie Annibal de n'avoir pas marché vers Rome, après cette célèbre bataille de Cannes, dont la supériorité des talens du général Carthaginois maîtrisa la fortune, et d'avoir conduit son armée dans Capoue. Les motifs qu'il fait valoir en faveur d'Annibal, sont une preuve du respect que se portent les grands hommes, et une exemple de la circonspection qu'on doit apporter en jugeant des événemens dont toutes les circonstances antécédentes nous sont inconnues. Sur le premier point, il paraît raisonnable de croire que l'attaque d'une ville telle que Rome, peuplée de vétérans et de jeunes gens élevés pour la guerre, aurait offert une vigoureuse résistance par elle-même. Il est présumable que les Romains à l'aspect de leur capitale et de leurs Dieux assiégés, auroient rapidement passé de la terreur à l'indignation, et seraient venus de toutes parts envelopper une armée qu'ils auraient appellée impie et sacrilège.

Un fait qu'ignorait sans doute l'auteur des Considérations sur les causes de la grandeur des Romains et de leur décadence, ajoute encore à la justification d'Annibal; c'est que son intention fut de marcher à *Cassinium*, aujourd'hui Monte Cassino, que par un vice de prononciation bien pardonnable à un étranger, il appella Casilium, où est située la Capoue moderne. Le guide trompé par Annibal, au lieu de remonter la route qui conduit d'Alife à S. Germano, descendit par Calvi dans le champ de *Stellates*.

Ce ne ſurent ni cette mépriſe, ni les délices de Capoue, ni le butin de l'armée Carthaginoise qui décidèrent du sort de cette guerre. Le grand homme qui sut se maintenir en Italie sans recevoir de secours de son gouvernement, pouvait parer à tous ces contre-tems; mais il dut succomber enfin sous les coups d'une basse jalousie, plus funeste à sa gloire et à Carthage, que le génie de Fabius et de Scipion, que toutes les armées Romaines.

Après les journées du Tésin, de Trébies, de Trasimène et de Cannes, Annibal, autant par l'abandon du sénat Carthaginois, que par les progrès de ses troupes toujours victorieuses, se vit forcé de passer de l'offensive qu'il conduisait avec tant de supériorité, à une guerre défensive, désavantageuse à un conquérant étranger, et qui d'ailleurs plaçait Annibal dans la dépendance de lieutenants très-inférieurs à leur capitaine. Remarquons qu'avec tous ces désavantages, ce grand homme fit une tenue sans exemple dans les siècles qui l'avaient précédé, et sans imitation jusqu'à nos jours. Il faut, pour qu'il abandonne sa proie, que son gouvernement le rappelle au nom de la patrie; les larmes qu'il verse en se voyant arracher la république Romaine, prouvent, ce me semble, que Carthage l'aurait emporté, si ses destinées eussent été remises aux mains de cet homme extraordinaire.

Annibal égaré par son guide, était placé, comme je l'ai dit, entre la Calvi et Casilium; mais mécontent de cette position, il annonça qu'il allait l'abandonner, en faisant ravager les environs de son camp par Maharbal; il comptait encore, par cette dévastation, déterminer Fabius Maximus à descendre du sommet du mont Massique : c'était en vain. Le caractère sublime de Fabius était au-dessus des attaques de la vanité. Sa grande ame ne cedait qu'aux ordres de la raison. Ni la conflagration d'une contrée, ni les cris et les larmes de ses habitans, ni la noble indignation, ni les propos outrageans d'une armée de braves ne l'émeuvent; le salut de Rome toujours présent à sa pensée, le rend insensible à tout autre sentiment. Il a jugé que le Capitole ne peut voir les Dieux de Carthage captifs, que par une guerre défensive, et il ne changerait pas la nature de cette guerre quand l'univers entier s'écroulerait sur sa tête.

Horace a fait le portrait de Fabius dans les deux premières strophes de l'ode III. du livre III.

Justum et tenacem propositi virum
Non civium ardor prava jubentium,

Non vultus instantis tyranni
Mente quatit soiidà neque auster
Dux inquieti turbidus Adriæ,
Nec fulminantis magna Jovis manus :
Si fractus illabatur orbis
Impavidum ferient ruinæ (1).

Les ruses d'Annibal, les propos séditieux de l'armée Romaine, n'altérèrent point le plan de campagne de Fabius, immobile pendant tout l'été, sur la cime du mont Massique. L'armée Carthaginoise n'échappa, dit-on, au général Romain, que par une ruse; mais la ruse, comme la force, sont des moyens militaires sur lesquels on doit compter; et je pense qu'Annibal savait bien comment il sortirait d'un

(1) Un homme vertueux et ferme n'est ébranlé ni par la fureur des séditieux, ni par les regards menaçants d'un tyran Le vent du midi qui soulève les flots tumultueux de la mer Adriatique, et la puissante main fulminante de Jupiter, ne peuvent l'émouvoir; le monde même le couvrirait de ses ruines, qu'il ne ferait pas ployer son ame indomptable.

pays qu'il ravageait en présence de l'armée ennemie. Un homme comme lui ne devait à la ſortune que ce que le génie des hommes ne peut lui enlever ; et quand nous le voyons sortir d'embarras par l'une de ces entreprises qui nous semblent un heureux expédient, nous ressemblons aux généraux Romains, dont il déjouait à volonté la prudence et la pénétration.

Avant sa retraite il assiégea Casilium, à laquelle il accorda, pour honorer son courage, la capitulation suivante : les personnes libres purent se racheter à raison de sept onces d'or par tête, et se retirer dans Cumes ; la brave garnison, qui avait ſait une si belle déſense, eut la liberté de retourner à Palestrine, d'où elle était venue au secours de Casilium.

Cette ville est la Capoue moderne, et porta longtems les deux noms. Elle recevait les marchandises qu'on envoyait de Pouzzoles à la Capoue antique. On voit près du pont qui est sur le Vulturne, un édifice semi-circulaire, servant autrefois de gare aux vaisseaux.

Casilium déclina depuis ce siége, et fut détruite avec Capoue : Jules César, sous son premier consulat, y mit une colonie presqu'entièrement détruite du tems de Pline. La ville actuelle fut bâtie sur les ruines de Casilium, l'an 856 de notre ère.

CHAPITRE VIII.

Les campagnes d'Annibal rappellent celles des Français, dans lesquelles quelques généraux de cette nation se montrèrent dignes de figurer sur un théâtre illustré par le génie d'Annibal, de Fabius, de Scipion, de Pompée et de Jules-César.

Les armes Françaises menaçaient depuis longtems l'Italie. Luttant avec gloire dans les gorges des Alpes, nos troupes arrosaient de leur sang généreux ces barrières difficiles, sans pouvoir les franchir. L'armée, dont les besoins extrêmes étaient plus dangereux que le fer de l'ennemi, se voyait enchaînée dans une défensive qui la consumait, quand le général Napoléon Bonaparte fut chargé d'en prendre le commandement. Il arrive et fait battre la charge. Les Français se précipitent sur l'Italie comme les torrents qu'elle voit tomber des Alpes : les places fortes placées au pied de ces montagnes, sont livrées de suite à une armée qui semble portée sur les aîles de la tempête. Elle est à Milan, quand on la croyait à peine aux portes d'Alexandrie. Quatre armées Autrichiennes ne peuvent suspendre sa marche rapide. L'Europe étonnée les voit disparaître sous les coups des Français, qui fondent une république, et menacent la capitale de l'empire d'Allemagne.

L'histoire de ces prodigieuses campagnes ne laisse rien à desirer sur les détails instructifs et étonnans qui composent les scènes admirables de ce drame immortel. Parmi les compagnons de gloire du général Bonaparte, on remarque les généraux Masséna et Brune, auxquels la France dut l'alliance active de la Suisse, et les deux premières victoires pendant cette campagne malheureuse, dont le général Moreau retardait savamment les revers.

La dernière campagne du premier consul, offre un caractère et des résultats encore plus extraordinaires que ceux de ses premiers exploits. Son plan est du nombre de ces conceptions dont le succès offre d'autant plus de certitude, que leur exécution paraît plus impossible. Les hommes en général ne sont perpétuellement en défaut, que parce qu'ils posent mal la limite qui sépare le possible de l'impossible. Le premier consul voyant que les Autrichiens mettaient cette limite en deçà, passa au-delà, et presque tout le monde l'accusa d'une extrême audace. Si le plan confondit tous les apperçus, le succès dépassa toutes les espérances. Une marche et une bataille suffirent pour reprendre une très-grande partie de nos conquêtes, pour assûrer les destinées d'un état, et altérer les maximes des cabinets de l'Europe.

Bientôt une nouvelle scène d'actions glorieuses trop peu connues, va succéder à la dernière campagne du premier consul. Ce magistrat confia au général Brune le commandement de l'armée d'Italie, qui s'empara, dans l'espace de 27 jours, du Tyrol Italien, de la Terre Ferme des ci-devant états Vénitiens, jusqu'à la rive droite de la Piave, fit 15,000 prisonniers, prit 45 bouches à feu, 20,000 fusils, cinq drapeaux et deux étendarts.

Nous allons suivre cette armée dans sa marche triomphale, tracée par le général Oudinot, chef de son état-major-général.

» Notre situation en Italie, dit ce général, nous forçait à défendre la rivière de Gênes contre les incursions des Anglais qui, depuis l'occupation de la Toscane par nos troupes, faisaient accréditer le bruit d'une descente prochaine, dans l'intention de s'emparer de Livourne. Le général de division Dulaulois, commandant en Ligurie, dut avoir une attention particulière à garantir le golfe de la Spezia de toute entreprise maritime, tandis que le général Miollis, ayant sous ses ordres une brigade, un régiment de cavalerie Français, et la légion Cisalpine du général de division Pino, s'opposait aux entreprises de l'armée Napolitaine, commandée par M. de Damas, qui combinait ses opérations avec le général Sommariva, commandant un corps de 7000 hommes Autrichiens à Ancône, et avec M. de Millius, qui en commandait un autre de 4000 à Ferrare. Leur but était d'insurger la Romagne, le Ferrarais, et par suite, d'envahir la Toscane, ou de nous forcer à une diversion puissante sur la rive droite du Pô.

» Le général Miollis avait donc des forces suffisantes pour une défensive passagère ; car c'était au-delà du Mincio que devait se consolider notre puissance en Italie, et il ne fallait pas faire la faute de trop affaiblir l'armée, pour conserver des établissemens qu'une victoire devait nous donner.

» Le général en chef se contenta, après avoir fait mettre le fort Urbain en état de défense, de laisser sur la droite du Pô, un corps d'observation d'environ 3000 hommes, Français et Cisalpins, pour observer de Bologne les mouvemens des généraux Sommariva et Millius. Le général Petitot, qui commandait ce corps, avait ordre de se tenir le plus près possible de l'ennemi, pour l'obliger, par ses mouvemens, à ne pas faire de détachemens sur la gauche du Pô, en lui ôtant la connaissance du nombre des troupes qu'il lui opposait, et auxquelles se joignait la brave garde nationale de Bologne, forte de 4000 hommes. Cette disposition eut son plein effet ; les efforts de M. de Damas qui pénétra, et fut battu en Toscane par le brave Miollis ; les marches de M. Sommariva vers Ferrare, et les attaques de M. Millius, ne produisirent aucun événement qui détournât le général en chef Brune du plan qu'il avait adopté.

» Le lieutenant général Soult commandait en Piémont ; son expérience et la connaissance parfaite qu'il avait du pays, étaient nécessaires pour y détruire l'influence de l'ennemi, qui ne désespérait pas de former derrière nous une insurrection générale à la première nouvelle d'un revers : quatre bataillons Piémontais, tous les dépôts de l'armée, un régiment Français de cavalerie, et deux de Piémontais, composaient ses forces disponibles.

» L'intérieur de la Cisalpine ne présentait aucune apparence de trouble ; le général Lapoype y commandait.

» L'armée active, forte de 55,000 combattans, dont 8,000 de cavalerie, fut placée derrière la Chiese et l'Oglio ; la droite appuyée au Pô, et la gauche à la rivière de Caffaro, au-dessus du lac d'Idro, d'où elle devait communiquer avec celle des Grisons. Le général Rochambeau, commandant la seconde division de l'aile gauche, occupait alors Ponte di Legno, le Val, Camonica, et les débouchés du Tonal, où les troupes de l'armée des Grisons devaient relever les nôtres. Le général Delmas commandait l'avant-garde, le général Dupont la droite, le général Suchet le centre, le général Moncey la gauche, et le général Michaud la réserve ; elle était composée d'une division Française, commandée par le brave général Gardane, qui venait enfin d'être échangé, et d'une division de Polonais, commandée par le général Dombrowski. Le général Davoust était à la tête des troupes de la réserve à cheval. Le général Kellermann commandait la division de cavalerie, et le général Rivaud celle de dragons. Cent soixante bouches à ſeu, dont cent attachées aux divisions, et soixante à la réserve, sous les ordres du général Laclos, composaient le matériel de l'artillerie de l'armée, bien approvisionné, et organisé de manière à procurer un service bon et facile. Cette création est due aux soins constans du général Marmont, qui a développé les plus grands talens durant le cours de la campagne. Le chef de brigade Alix, qui s'est distingué dans toutes les circonstances, avait la direction des parcs.

» L'armée ennemie, forte de 80,000 hommes, retranchée derrière le Mincio, sur un terrein hérissé de redoutes et de fortins, sous la protection de cent pièces de canon et de trois places fortes, avait son corps d'armée, proprement dit, sur la ligne du Mincio, appuyant ses flancs au Montebaldo et au Pô; le lac Garda, à sa droite, était couvert d'une flotille de 27 bâtimens, dont trois armés de douze pièces, et pour assurer leur croisière, l'île de Sermione avait été fortifiée. Cette position donnait l'avantage d'intercepter les grandes communications de Dezenzano à Peschiera, et de faire craindre des descentes sur la droite du lac.

» Le corps du général Wucafssowich, disposé depuis Trente jusques aux débouchés du Tonal, avait le double objet, suivant les circonstances, de nous empêcher de tourner le lac Garda pour pénétrer à Trente, de défendre le Tonal contre l'armée des Grisons, ou d'envelopper notre gauche, en descendant par les vallées, dans le Bergamasque et le Brescian.

» L'avant-garde, commandée par M. le baron de Hohenzolern, forte de 25,000 hommes, était retranchée sur la droite du Mincio ; ses avant-postes s'étendaient de Dezenzano à Borgo-Forte.

» La convention de Castiglione voulait que les Autrichiens n'eussent ni retranchemens ni poste fixe sur la droite du Mincio. Les mêmes conditions devaient être observées par l'armée Française en arrière de la Chiese et du bas-Oglio ; mais comme l'ennemi, en retranchant l'île de Sermione, et en fortifiant la Volta, avait enfreint le traité, le général Brune résolut de s'emparer de Lotano et de l'anse de Salo sur le lac de Garda : il se rendait ainsi maître d'une excellente position, et privait les Autrichiens d'un port assuré, où il pouvait faire construire une flotille pour s'opposer à la leur.

» Le général Moncey occupa Salo,

et le général Delmas établit son avant-garde sur les superbes hauteurs de Lotano. La situation de l'armée d'Italie, était telle, au premier frimaire, qu'elle pouvait, ce jour-là, prendre l'offensive; mais l'armée des Grisons devait combiner ses mouvemens avec les nôtres, et devenir intermédiaire entre nous et l'armée du Rhin. La seule division Baraguay-d'Hilliers avait pu parvenir en Valteline. L'abondance des neiges et la rigueur de la saison retardaient la marche des autres divisions. Ainsi nous fûmes obligés de retenir les nôtres en position, et d'observer l'ennemi.

» Le 14 frimaire, le général Calvin étant en reconnaissance vers Torte d'Oglio, où l'ennemi feignait de jetter un pont, fut attaqué par des forces supérieures, et malgré l'inégalité des nombres, il parvint, avec le courage de ses troupes et l'habileté de ses manœuvres, à déterminer la victoire en sa faveur. Il prit un bataillon.

» Le 25 l'ennemi vint reconnaître l'armée Française ; le général Brune instruit qu'il allait concentrer ses forces pour une attaque prochaine, et ne pouvant compter sur un concert d'action entre son armée et celle des Grisons, se détermina à marcher en avant, après avoir laissé en arrière la légion Italique, commandée par le général Lecchi, qui était chargé d'unir les mouvemens des armées d'Italie et des Grisons. Le 27, la division de réserve, l'artillerie et la cavalerie campèrent dans la plaine de Montechiaro, et le quartier général fut transféré à Castelnedolo.

» On ordonne une grande reconnaissance le 28, pour vérifier la position des Autrichiens sur la rive droite du Mincio, et connaître l'importance qu'ils attachaient aux différens points de leur ligne. Dans ce mouvement l'armée

Française culbuta les postes ennemis.

» Le 29, les généraux Meunier, Clausel, Colli et Boudet combattent avec succès. Le général en chef ayant reconnu, lui-même, les positions de Carrianna, établit son quartier général à Montechiaro, et ordonna les mouvemens suivans pour le 30 : le lieutenant-général Delmas, commandant l'avant-garde, devait attaquer Ponti, et observer Peschiera. Le lieutenant général Moncey eut l'ordre de s'emparer des hauteurs de Monzembano. Le centre commandé par le lieutenant-général Suchet, devait enlever les retranchemens de la Volta, et y prendre ensuite position. Le lieutenant-général Dupont était chargé de favoriser ces mouvements, en faisant avec une des divisions de l'aîle droite, de fortes démonstrations sur Goïto, et en employant l'autre à menacer Castellacio, et à faire face aux troupes qui pouvaient venir de Mantoue. La division Rochambeau faisant partie de l'aîle gauche, devait se tenir sur la défensive, et observer l'ennemi du côté de Salo. Les divisions de réserve commandées par le lieutenant-général Michaud, la cavalerie, l'artillerie et les pontons, reçurent l'ordre de se porter à Castiglione, ainsi que la brigade de réserve du quartier-général aux ordres du général de brigade Séras.

» Tous ces mouvemens furent parfaitement exécutés. L'ennemi battu par tout, aurait infailliblement perdu tout moyen de retraite, si la nuit n'eût suspendu la poursuite des Français. Il se retira sur Borghetto avec perte au moins de 900 prisonniers et de 2,000 morts ou blessés.

» Le général en chef se disposant à passer le Mincio, donna ordre au général Jablonowski, détaché sur la droite du Pô avec un corps d'environ 3,000 hommes, de se rendre à marches forcées à Castiglione. Le 3 nivose, la légion Polonaise commandée par le général Dombrowski, fut détachée devant Peschiera, pour masquer les mouvemens de l'armée Française.

» Le soir de ce jour, le lieutenant-général Dupont, qui s'était avancé précédemment à Goïto pour présenter avec ses troupes des forces imposantes sur ce point, eut ordre de se porter à la Volta, en laissant dans sa première position un poste de cavalerie. L'attaque réelle devant se faire sous Monzembano, l'avant-garde y fut dirigée la première. Le lieutenant-général Moncey, avec la division Boudet et la réserve de l'aîle gauche, devait appuyer le mouvement de l'avant-garde.

» Le lieutenant-général Suchet, commandant le centre, eut ordre de laisser à la disposition du lieutenant-général Dupont, chargé de la fausse attaque à

Molino di Volta, près Pozzolo, l'équipage de ponts qu'il avait, et de remonter le Mincio, pour venir le passer à Monzembano après le général Boudet.

» Le lieutenant - général Michaud devait faire marcher la réserve, de Carriana à Monzembano, pour traverser le fleuve immédiatement après le centre ; les réserves de cavalerie et d'artillerie, ainsi que la brigade du quartier général, avaient ordre de le suivre. On devait, à la pointe du jour, jetter deux ponts devant Mozembano sous la protection de quarante pièces de canon, dirigées par le général d'artillerie Marmont.

» Toutes les dispositions n'ayant pu se faire le 4, le général Brune remit le passage au 5.

» Le Mincio n'est jamais assez guéable pour une armée, lorsqu'on ferme le canal de Sallionze : les gués dans les plus basses eaux, sont en petit nombre, et

toujours

toujours à l'avantage de la rive gauche, qui domine presque partout la droite, excepté aux angles rentrants de Mozembano et Molino, près Pozzolo, qui ont sur la rive gauche un commandement très-décidé : le général en chef, qui les avait reconnus lui-même, regardait ces points comme très favorables.

» Il était probable que l'ennemi, dans le dessein de s'opposer à cette entreprise, manœuvrerait pour obliger les Français à des diversions, et partager leurs forces. Il pouvait faire attaquer le général Rochambeau à Caffaro, par M. de Wucassowick, débarquer sur les derrières de l'armée, sous la protection de sa flottille, ou déboucher de Peschiera, sur la droite du Mincio.

» Ces considérations n'altérèrent point les projets du général en chef, qui pensa que la meilleure manière de garantir les derrières de l'armée, et de couvrir l'Italie, était de porter le théatre de la guerre au-delà de l'Adige.

» Une partie de l'armée Française aux prises avec toute l'armée Autrichienne, à l'angle rentrant de Molino di Volta, battit l'ennemi, lui tua et blessa 4,000 hommes, fit 2,000 prisonniers, dont plusieurs étaient officiers supérieurs. Les Autrichiens perdirent en outre neuf pièces de canon : un drapeau leur fut enlevé par le cit. Joseph Pierron, maréchal des logis au onzième de hussards, qui, malgré la forte blessure qu'il reçut, ne se retira point du combat.

» Le 5, toute l'armée passe le Mincio à Mozembano, attaque et renverse l'ennemi sur tous les points, lui tue beaucoup de monde, fait 4,000 prisonniers, et prend 14 pièces de canon.

Le même jour les camps retranchés de Borghetto et Vallesio furent emportés ; l'ennemi y perdit son artillerie et 1,000 prisonniers.

» Le 6, le lieutenant-général Delmas se disposait à enlever de vive force les redoutes de Saliouze, lorsque ceux qui les gardaient se rendirent ; ils ajoutèrent aux trophées de l'armée d'Italie 14 pièces de canon, 1,000 prisonniers et deux drapeaux.

» L'ennemi, après trois journées, dans lesquelles il avait perdu 42 pièces de canon, deux obusiers, environ onze mille prisonniers et trois drapeaux, fut obligé de se retirer derrière la ligne de l'Adige, d'où le général Brune le chassa cinq jours après l'avoir débusqué de celle du Mincio.

» Le passage de l'Adige fut ordonné pour le 11 à la pointe du jour. Il devait s'effectuer sur deux points : le premier, qui était le principal, fut fixé à environ un mille au-dessus de Bussolengo, à l'angle rentrant que forme le cours de cette rivière ; le second, qui n'était que simulé, devait être tenté sur un pont de radeaux devant Ghiere. Pour donner le change à l'ennemi, on étendit la ligne à plusieurs milles au-dessous de Vérone.

» Les troupes se mirent en mouvement avant le jour. A neuf heures du matin les carabiniers réunis de l'avant-garde, passèrent l'Adige en bateaux, pour couvrir la construction du pont au-dessus de Bussolengo ; ce pont fut jetté avec la plus grande célérité, sous la protection de soixante bouches à feu placées sur la rive droite. Le passage s'effectua sans opposition de la part de l'ennemi qui s'attendait à être attaqué au-dessous de Vérone.

» L'avant-garde eut à peine atteint la rive gauche, qu'elle marcha rapidement sur Pescantina, dont elle s'empara.

» Le général Michaud força à la retraite une colonne Autrichienne forte de 4,000 hommes, qui remontait la rivière pour soutenir les corps postés sur l'Adige supérieure, et qui furent contraints eux-mêmes à se retirer.

» L'armée réunie sur la rive gauche, continua sa marche vers Vérone.

» L'avant-garde obligée de gagner les hauteurs pour tourner la place, éprouva les plus grandes difficultés en se portant par Piedmonté sur Masso, sommité principale et centre du pendant des eaux vers le val-Penthena. Cette route, qui n'est praticable que dans quelques saisons de l'année, pour les chars du pays, offrait des obstacles qui auraient pu paraître insurmontables; mais porter à bras les pièces et les caissons sur les neiges et les glaces, et ouvrir sur des rochers escarpés une route jusqu'alors inconnue aux armées, fut un travail aussitôt exécuté qu'entrepris par le concours des grenadiers, des sapeurs et des artilleurs. Tous donnèrent à l'envi de nouvelles preuves de leur zèle et de leur intrépidité.

» Le 13, l'armée entre dans Vérone. La perte totale de l'ennemi sur l'Adige supérieure, depuis le 11 jusqu'au 15, s'éleva à environ 1,200 hommes tués, blessés ou prisonniers, celle des Français n'excédait pas 200.

Le 15, l'avant-garde se met en mouvement et rencontre l'ennemi en débouchant de S. Martin, qui lui résista d'abord, mais qui ne put se soutenir contre les efforts réunis de cette avant-garde et de la division Loison, quoiqu'il leur fût très supérieur.

» Une partie de l'avant-garde, une des divisions du lieutenant-général Suchet, celle du lieutenant-général Michaud, et les réserves de cavalerie et d'artillerie, eurent ordre de s'emparer des hauteurs de Gamberulo, et de marcher ensuite par Tarossa, pour gagner et enlever le versant de Zermeghede en arrière de Montebello ; ces mouvemens combinés avec ceux des autres corps de l'armée, eurent un plein succès, et le quartier général fut établi à Montebello.

» Le 18, l'armée Française prend Vicence.

» Le 19, l'ennemi s'oppose à la marche de l'avant-garde sur Armiola ; cette vaine opposition lui coûte 600 hommes tués et prisonniers.

» Le 20, le général en chef ordonna les dispositions suivantes pour le passage de la Brenta : la division Loison eut ordre de se rendre à Camizano, et de pousser une reconnaissance sur Curtazalo ; la division Gazan devait se porter en avant de Vicence sur la route de Marostica ; deux escadrons du 11.e de hussards, conduits par le chef d'escadron Martigues, entrèrent dans Padoue, qui fut évacué par un corps de 3,000 Autrichiens.

» Le lieutenant-général Michaud fut chargé de faire, le 21 à la pointe du jour, des mouvemens qui indiquassent le passage de la Brenta, en face de Citadella ; il eut ordre de s'emparer de cette ville, et de prendre position en avant vers Castel-Franco. Pour seconder cette opération, les divisions Watrin, Loison, et celle des dragons de la réserve, se portèrent sur la rive gauche de la Brenta, par la route de Ponte et Tor, Rampazzo, Camizo et Curtarolo, interceptant ainsi le chemin de Padoue à Citadella ; ces corps eurent l'ordre de marcher sur ce dernier point, après qu'elles auraient effectué leur passage. Douze pièces d'artillerie légère protégeaient la marche de ces divisions.

» Le général en chef, pour cacher ses projets, fit marcher la division Gazan sur Bassano, par la route de Marostica, avec six pièces de canon et un régiment de cavalerie. Les réserves d'infanterie et de cavalerie, et trois compagnies d'artillerie légère, devaient prendre position en avant de Liziera.

» L'avant-garde culbute tous les postes Autrichiens qui se trouvent sur la rive droite de la Brenta ; le 10.e régiment de hussards la passe à gué sous la protection de 25 pièces de canon, enlève une bouche à feu, et fait 200 prisonniers. L'avant-garde suit ce mouvement, et s'établit sur la rive gauche en avant de Fontaniva.

» Ce passage fut suivi de plusieurs combats, dans lesquels les divers corps de l'armée déployèrent autant de valeur que leurs chefs montrèrent d'habileté ; les résultats de ces actions glorieuses furent la fuite de l'ennemi après avoir perdu beaucoup de monde. L'armée d'Italie lui fit, dans ces différentes actions, 2,960 prisonniers.

» Le 23, l'avant-garde, en faisant

une reconnaissance sur Vedelago où l'ennemi avait un poste avancé, lui enleva 200 prisonniers : non loin de-là l'armée Autrichienne parut avoir formé ses lignes, appuyant sa droite au Bosco-del-Mantello, et prolongeant sa gauche sur la grande route de Trévise, dans la direction de Fossalonga. A midi, le général en chef se porte sur la ligne des avant-postes Français ; il la parcoure, et fait sonner la charge; mais de forts partis de cavalerie suffisent pour faire replier tout ce que l'ennemi a fait paraître.

» Le 24, le général en chef voulant couper de la Piave tous les postes Autrichiens stationnés sur la rive droite de cette rivière, ordonne au général Delmas de diriger l'avant-garde sur l'Ovadina, en passant par Posthume ; au lieutenant-général Moncey, d'établir un poste fixe d'observation à Riva-Secco, à gauche du Bosco-del-Mantello, de diriger sur Ponte-di-Piare, la division Rochambeau, postée la veille à Falce, de faire marcher celle du général Boudet sur Salva, en suivant le mouvement du général Rochambeau; au lieutenant-général Suchet, de marcher dans la direction de l'avant-garde, plaçant toute sa cavalerie en arrière, à droite de sa lieutenance, avec de l'artillerie légère, et prenant Villa-Orba pour son point de direction de droite; au lieutenant-général Dupont, de diriger la division Watrin à droite de la lieutenance Suchet, ayant Fontone pour direction de droite, jusqu'à hauteur de la grande route de Trévise à Ponte sur Piave; au général Gardanne, de marcher sur Pieve-di-Cusignana; au général Davoust, de suivre, avec la cavalerie de réserve, le mouvement de l'avant-garde, laissant un régiment à Camalo, pour y couvrir le parc d'artillerie.

» Ces mouvemens furent exécutés, et le soir l'armée occupait la position dont ils étaient l'objet. La brigade Cassagne, qui éprouva le plus de résistance, chassa l'ennemi de Lovadina, où il avait six pièces de canon.

» Le général en chef avait établi son quartier général à Trévise, quand les envoyés de l'ennemi apportèrent des paroles de paix, et suspendirent ainsi la marche victorieuse d'une armée qui, depuis le 27 frimaire jusqu'au 24 nivose inclusivement, s'était porté des bords de la Chiese aux rives de la Piave, en traversant trois fleuves considérés comme les plus fortes barrières de l'Italie, et qui avait repoussé une armée supérieure de vingt-cinq mille hommes au-delà du quatrième «.

CHAPITRE IX.

De Casilium où le génie d'Annibal et la gloire de nos armes ont suspendu notre marche, nous pourrions aller à Naples en passant par Atella, qui est à une égale distance de la Capoue antique, et de la capitale du royaume. La route serait plus courte que celle que nous nous proposons de suivre. La campagne fertile et agréable que nous traverserions, nous offrirait l'image constante de l'abondance ; mais des tableaux variés, les uns enchanteurs par leur beauté, les autres intéressans par l'horreur profonde qu'ils inspirent, sont placés sur une autre route. Cumes, les Champs Elisées, la côte de Bayes, Pouzzoles, des montagnes fulminantes, les champs Phlégréens, et les traces des convulsions de la nature, doivent exciter vivement la curiosité du voyageur. Nous marcherons donc d'abord vers le sud, en suivant la voie Appienne, que nous quitterons au pont Campano, pour prendre la voie Domitienne, qui nous conduira dans Cumes.

On traverse le Vulturne, dont la source est à 8 milles italiens au-dessus de Venasre. Il se jette dans la Méditerranée à Castel-Volturnus, situé sur l'emplacement d'une ville antique qui portait le nom de ce fleuve.

On passe à travers les marais que forme le Liturno, et en suivant toujours la voie Domitienne, dont le tracé est rectiligne depuis Castel-Volturnus, jusqu'à Cumes, on arrive dans la plus ancienne ville d'Italie.

Strabon donne ce titre à Cumes, dont les fondateurs furent les Calcydiens, ancien peuple de la Grèce. Cette ville placée sur le flanc méridional du promontoire de Misène, est bâtie sur un rocher qu'environne la mer d'un côté , et entouré de l'autre par deux lacs. Cumes fut très puissante, et posséda de grandes richesses ; mais constamment enviée par les Romains et les Carthaginois , elle fut alternativement de leur conquête, et éprouva tous les désastres de ce dernier état. Elle ressentit les fureurs des Sarrasins et des Goths qui la ravagèrent. Tarquin le Superbe après avoir fait la guerre au peuple qui l'avait expulsé, vint chercher un asyle dans Cumes, et y termina sa carrière. Pétrarque vit le monument qu'on éleva à ce monarque après sa mort. »

Le portrait du dernier roi de Rome n'a point été flatté , dit Montesquieu ; son nom n'a échappé à aucun des orateurs qui ont eu à parler contre la tyrannie. Mais sa conduite avant son malheur, que l'on voit qu'il prévoyait, sa douceur pour les peuples vaincus, sa libéralité envers les soldats , cet art qu'il eut d'intéresser tant de gens à sa conservation, ses ouvrages publics, son courage à la guerre, sa constance dans son malheur, une guerre de vingt ans qu'il fit, ou qu'il fit faire au peuple Romain, sans royaume et sans biens, ses continuelles ressources font bien voir que ce n'était pas un homme méprisable «.

Toutes ces grandes qualités ne purent conjurer l'orage qu'il avait formé en portant une main ambitieuse sur le bandeau royal, que devaient lui remettre le sénat et le peuple. Par cet acte Tarquin rendit le pouvoir monarchique héréditaire, d'électif qu'il était avant son usurpation.

Ce fut sur une montagne près de Cumes, que Dédale fuyant les états de Minos, vint à travers les airs, descendre et bâtir le temple d'Apollon, sous lequel était l'antre de la sibylle Diéphobe consultée par Enée.

Dedalus, ut fama est, fugiens minoïa regna,
Præpetibus pennis ausus se credere cœlo,

Insuetum

Insuetum per iter gelidas enavit ad arctos,
Chalcidiâque levis tandem super adstitit arce.
Redditus his primùm terris, tibi, phœbe sacravit
Remigium alarum, posuitque immania templa (1).

» L'antre de la Sibylle était au fond du sanctuaire et creusé dans le roc. Cent larges chemins conduisaient à cette mystérieuse retraite de la prêtresse, d'où partaient autant de voix qui faisaient entendre ses réponses prophétiques «.

Avant d'entrer dans les Champs-Elisées, placés à droite de la route qui longe la côte de Bayes, passe par Pouzzoles, et conduit à Naples, nous allons nous arrêter sur les bords du lac Achéron, appellé aujourd'hui *Mare Morta*. Il est bordé d'un côté par les Champs-Elisées, différents de ceux que décrit Virgile, et par des montagnes dont les anfractuosités et la nudité font un agréable contraste avec la verdure et

(1) Enéide, livre 6.

la vigueur des arbres qui couronnent leurs sommets, et ornent leurs bases.

Si ces larges et sombres crevasses, en présentant l'image de la caducité et d'une vieillesse condamnée à la stérilité, offrent l'idée de la destruction et du néant, la vue saisit avec plaisir et porte à l'ame celle d'une éternelle reproduction, en voyant sortir, pour ainsi dire, des bras de la mort, ces jeunes plantes, ces arbres d'une belle espérance qui couvrent les ravages du tems, et annoncent que la mort est plutôt le berceau de la vie, que le gouffre qui la dévore. Les eaux du lac ne ressemblent en rien aux flots noirs et limonneux de cet Achéron que battent lentement les rames de l'impitoyable nocher des Enfers. La vue des Champs-Elisées présente enfin, non la nature créatrice mêlée à la destruction, et luttant avec elle, mais l'énergie de production qui nous donne une idée du besoin que semble éprouver le grand Être, de remplir et de féconder tous les germes. Loin de voir en lui ce grand *Célibataire des mondes*, qui s'isole de tous les êtres comme de tous les règnes, je vois, au contraire, un être expansif qui les recherche, les embrasse, et les remplit de son soufle générateur (1).

Ces champs que l'hiver ne couvre jamais de frimats, sont situés entre Micène, la côte de Bayes et les champs de feu qui bordent le golfe de Pouzzoles. Ils s'étendent en pente douce vers la mer, et renferment des rues en-

(1) Par quel caprice le Cit. Châteaubrillant, aux talents duquel je rends justice, nous a-t'il peint l'Auteur de la nature sous l'habit d'un hermite, au front sourcilleux et à l'œil sombre ! La théologie de Virgile et celle de l'apôtre S. Jean, sont cependant d'accord sur la nature de Dieu : le premier dit, *Jove omnia plena*, Dieu féconde tout : le second dit, *Dieu est l'amour*. Ce Dieu là n'est point le grand célibataire des mondes; ce moine caché qui retient toute expansion, qui est seul comme le néant.

tières de tombeaux ornés de bas-reliefs, dont un grand nombre est bien conservé. Le promontoire de Micène, situé à l'orient de cette délicieuse surface, doit son nom à l'un des compagnons d'Enée, qui fut tué par un Triton, indigné de ce qu'un mortel, quoique fils d'Eole, osât provoquer les Dieux de la mer à lutter avec lui dans l'art d'emboucher la trompette. La ville bâtie sur ce promontoire, fut un des premiers ports militaires des Romains. Au nord des Champs-Elisées, on trouve la côte de Bayes que recherchaient les citoyens opulents de Rome. On voit sur cette côte les restes d'une maison de campagne de Pompée, grand par ses talens et par le respect qu'il porta aux loix de son pays, dont il mourut le défenseur ; on y trouve encore les ruines des temples de Vénus, de Diane et de Mercure : celles du premier sont placées près des Bains de Néron. Agrippine, Séneque et Britannicus accusent ce dernier rejetton de la famille des Césars, de parricide, de meurtre et d'assassinat ; ses contemporains prononcèrent son nom avec horreur, et la postérité en a fait un adjectif infamant, par lequel on désigne les princes qui se baignent dans le sang de leurs sujets.

Le chemin qui conduit de Cumes à Pouzzoles, passe au pied de Monte Nuovo et près du lac Lucrin, très-renommé par la quantité de poissons et de coquillages excellens qu'on pêchait dans ses eaux. Ce lac est moins éloigné de Cumes que le nouveau volcan produit par une éruption dont Antoine Falconi donne la description suivante.

» Il y a actuellement deux ans que Naples et Pouzzoles, et tous les endroits voisins, ressentent fréquemment des tremblemens de terre. Le jour et la nuit, avant qu'il y eut aucun signe d'éruption, on sentit dans les lieux que je viens de nommer, plus de vingt tremblemens forts et assez longs. Cette grande éruption arriva le 29 septembre 1538, à une heure après minuit, ou environ. J'ai oüi dire qu'on vit au lieu de l'éruption, entre les bains chauds, ou étuves, et *Tripergola*, des flammes qu'on apperçut d'abord au-dessus des bains, et qui, après s'être étendues vers le bourg de *Tripergola*, se fixèrent dans la petite vallée située entre *Monte Barbaro* et le *Monticule del Pericolo.* En peu de tems le feu s'accrut à un tel degré, que la terre s'ouvrit dans ce lieu, et vomit une si prodigieuse quantité de cendres et de pierres ponces, qu'elle en couvrit tout le pays, et qu'il tomba dans Naples, pendant une grande partie de la nuit, une pluie abondante, mêlée à ces cendres.

» Le lendemain lundi, les habitans

de Pouzzoles consternés, fuirent leurs habitations couvertes de cette pluie limonneuse et noire, qui continua tout le jour à tomber sur leur ville et ses environs. Les oiseaux et les habitans des eaux avaient reçu la mort à laquelle s'empressaient de se soustraire les hommes et les quadrupèdes.

» La mer s'était retirée du côté de Bayes en abandonnant un espace très-étendu, et tout le rivage paraissait presqu'entièrement à sec par la quantité de cendres, de pierres ponces brisées, dont l'éruption l'avait couvert. Je vis aussi deux sources nouvellement ouvertes dans ces ruines ; l'une avait une eau chaude et salée, l'autre une eau froide et sans saveur. Quelques uns disent qu'un courant d'eau douce et fraiche, ressemblant à une petite rivière, sortit près du lieu de l'éruption.

» En se tournant vers ce lieu, on

voyait des montagnes de ſumée, dont une partie était très-noire, et l'autre très-blanche, s'élever à une grande hauteur; et du milieu de ces énormes masses de ſumée, sortaient par intervalles des flammes d'un rouge foncé, accompagnées de cendres et de pierres énormes. Le bruit qu'on entendait, était comme celui des décharges d'une nombreuse artillerie de gros calibre. Il semblait que *Tiphé* et *Encelade* fussent venus d'*Ischia* et de l'Etna avec une armée innombrable de géants, pour ſaire de nouveau la guerre au maître du tonnerre.

» Sous le nom de géants, les poëtes ont désigné ces vapeurs renfermées dans les entrailles de la terre, qui ne trouvant point de passage, s'en ouvrent un par leur propre force, en élevant des montagnes, comme on l'a vu dans cette dernière éruption. Il me semblait voir ces torrents de fumée brûlante, que décrit Pindare en parlant de l'Etna.

» Cette horrible pluie de pierres embrasées de cendres lancées avec le même fracas, mais graduellement et par accès, continua pendant deux jours et deux nuits; après cet intervalle la fumée et la violence du feu commencèrent à s'affaiblir.

» Le quatrième jour, qui était le jeudi, l'éruption se renouvella à dix heures du soir avec une telle fureur, qu'étant alors dans le golfe de Pouzzoles près de Misène, je vis, dans un espace de tems fort court, plusieurs colonnes de fumée, lancées avec le plus terrible bruit que j'aie entendu, s'étendre sur la mer, et venir tout près de notre barque, qui n'était pas alors à moins de quatre milles du lieu de l'éruption. La quantité de cendres, de pierres et de fumée était telle, qu'elle semblait devoir ensevelir la terre et la mer. Les pierres grandes ou petites, et les cendres plus ou moins abondantes, commencèrent à tomber dans une telle quantité, que la plus grande partie du pays en fut couverte, et que, selon le rapport de plusieurs témoins oculaires, les cendres furent portées jusques dans la vallée de *Diana* et dans quelques parties de la Calabre, qui sont à plus de cinquante milles de Pouzzoles.

» Le vendredi et le samedi suivans, il ne parut que peu de fumée ; de sorte que plusieurs enhardis par ce repos du volcan, osèrent s'en approcher, et virent que les cendres et les pierres lancées par l'éruption, avaient élevé dans la vallée une montagne dont la circonférence était de trois milles à sa base, et dont la hauteur était presque égale à celle du mont Barbaro qui en est voisin. Ces matières volcaniques avaient enseveli la *Canettaria*, le château de *Tripergola*, et tous les bâtimens qui étaient dans les environs.

» Cette nouvelle montagne s'étendait au sud vers la mer, au nord jusqu'au lac Averne, à l'ouest jusqu'aux étuves, et du côté de l'orient elle venait joindre le pied du mont Barbaro. Aussi ce lieu a-t-il changé d'aspect au point qu'on ne peut plus le reconnaître ; et il paraît presqu'incroyable à ceux qui ne l'ont pas vu, qu'une montagne ait pu se former en si peu de tems. A son sommet est une bouche en forme de coupe, qui peut avoir un quart de mille de circonférence, dont il sort continuellement de la fumée.

» Le dimanche suivant, qui était le 6 octobre, plusieurs personnes curieuses d'observer ce volcan, s'en approchèrent ; les unes étaient à mi-côte, et les autres plus élevées, quand à dix heures du soir, une éruption soudaine et violente éclate et tue vingt-quatre spectateurs. Les uns étouffés par la fumée, restèrent sur la place ; d'autres disparurent entièrement.

» Depuis ce tems il n'est rien arrivé de remarquable. Il semble que les éruptions viennent en des tems déterminés, comme la fièvre et la goutte. Je crois cependant que les accès de ce volcan ne seront plus si violens, quoique l'éruption du dimanche ait été encore accompagnée d'une pluie de cendres et d'eau qui s'étendit jusqu'à Naples, et même, à ce qu'on a cru, jusqu'à la montagne de *Somma*, que les anciens appellaient *Vesuvius*. Les nuages que formait la fumée de l'éruption, se dirigeaient directement vers le Vésuve, ainsi que je l'ai remarqué plusieurs fois; comme si ces deux points de notre territoire avaient quelque correspondance et quelque connexion entr'eux. Pendant la nuit on voit encore sortir de *Monte Nuovo*, plusieurs colonnes de feu et des rayons qui ressemblent à des éclairs «.

M. le chevalier Hamilton nous apprend que le cratère dc ce volcan, est maintenant couvert d'arbrisseaux, et qu'en 1770 il découvrit au fond du cratère, un trou entouré de buissons, d'où sortait continuellement une vapeur chaude et humide, semblable à celle de l'eau bouillante. Le cratère a un quart de mille de profondeur, et sa forme est celle d'un cône renversé assez régulier. Le sable sur le bord de la mer, et même toute la partie du rivage baignée par les eaux, est d'une chaleur brûlante sur un espace d'environ cent pas, pris de la base de *Monte Nuovo*.

CHAPITRE X.

LE chemin qui nous a conduit au pied du volcan, côtoye le rivage jusqu'à Pouzzoles. Cette ville bâtie sur les bords du golfe qui porte son nom, est à deux lieues et demie de Naples. Elle fut fondée par des habitans de Cumes, qui trouvèrent son emplacement plus avantageux que celui de leur patrie. Pouzzoles fut d'abord connue sous le nom de *Dicearchia*, *puissance juste* : les Romains lui donnèrent ensuite celui de *Puteoli*, qui exprime le grand nombre de sources minérales de ses environs. Cette colonie, d'origine Grecque, conserva longtems sa constitution; elle en jouissait sous le joug des Romains; et du tems même d'Antoine, elle nommait des archontes. Sa population ne s'élève pas aujourd'hui au-dessus de dix mille individus de tout sexe et de tout âge.

Le plus gigantesque des monumens de Pouzzoles, est le pont projetté dans l'alignement de cette ville à Bayes, dont on voit plusieurs arches en brique sortir du sein de la mer. Il devait servir à la marche triomphale de Caligula, qu'on a peint en disant qu'*il était le meilleur des esclaves, et le plus méchant des maîtres.* Ce digne successeur de Tibère allia le ridicule à l'injustice, et le sophisme à la cruauté. Parent d'Antoine et d'Octave, dont la querelle amena la bataille d'Actium, Caligula dit qu'il punirait les consuls s'ils célébraient l'anniversaire de cette journée, et qu'il les punirait également s'ils ne le célébraient pas; parce que, dans le premier cas, ils se réjouiraient de la défaite d'Antoine, et que dans le second, ils manqueraient de respect à la mémoire d'Auguste. Après avoir décerné les honneurs divins à Drusile, il déclara que c'était un crime de s'affliger de la mort de cette femme, qu'il avait fait Déesse, parce qu'on révoquerait en doute le droit qu'il avait d'accorder l'immortalité ; mais que ce serait également un crime de ne pas pleurer la sœur chérie de l'empereur.

On voit encore les restes d'un temple de Neptune, ceux de l'amphithéâtre et du théâtre antique de cette ville; mais de tous les monumens qui l'embellirent, le plus majestueux par sa grandeur et sa magnificence, fut sans doute le temple de Jupiter *Sérapis*, qui présente le grand ensemble d'un vaste monument, quelques unes des belles portions qui le formèrent, l'étonnante et magique harmonie qui unit ces parties au tout et les fait considérer encore, isolément ou dans leur ensemble, avec un charme toujours nouveau.

Ce qui frappe d'abord en entrant

dans cet édifice, ce sont ces longues et magnifiques colonnades dont la perspective étend le front majestueux, et qui semblent se rapprocher de l'enceinte éloignée et mystèrieuse où le Dieu se dérobe aux regards des mortels. Si l'on se porte en face des colonnades, elles présentent d'immenses portiques dont l'ensemble offre le type de la beauté. La lumière qui éclaire tous les points semblablement placés, établit une uniformité d'éclat d'autant plus belle, que l'ombre lui oppose la même régularité. Chaque colonne unit aux mêmes proportions les mêmes accidents de lumière ; et cette uniformité multipliée dans de grandes proportions, est l'image la plus vraie et peut-être la seule que nous ayons de la magnificence. Des statues sont adossées aux colonnes, ce qui ajoute encore aux grands et beaux effets de l'architecture. La gravure qui représente ce monument, faisant partie de celles du voyage dans le royaume de Naples, j'engage le lecteur à consulter cet ouvrage, que les lettres et les arts ont concurremment composé avec le même succès.

Lorsqu'on recherche la cause des sensations que l'on éprouve à la vue des masses principales et intérieures du temple de Jupiter *Sérapis*, on pense avec le cit. Guillaumot, que de tous les moyens propres à exciter de grandes et agréables sensations, *celui des péristiles ou portiques ornés de colonnes, est sans contredit le plus puissant* (1). Je vais citer la partie de l'ouvrage du cit. Guillaumot, dans laquelle il explique la cause de la supériorité de ce genre de décoration sur tous les autres.

» Ces portiques, dit l'auteur, que les Grecs nommaient *Stoa*, servaient

(1) Essai sur les moyens de déterminer ce qui constitue la beauté essentielle dans l'architecture.

à toutes sortes d'usage ; à la promenade, à la tenue des écoles, à la déclamation, et quelque fois à rendre la justice : le fond en était souvent orné de peintures ou de statues. La variété qui naît de l'effet des péristiles, lorsqu'ils sont éclairés par le soleil, en renouvelle à chaque instant l'aspect, en bannit l'uniformité, et semble donner du mouvement à l'édifice : pour jouir de son ensemble, il faut s'en éloigner à une certaine distance, afin d'en embrasser la masse ; si ensuite on s'en approche, on est affecté différemment. Entre-t-on dans l'intérieur du péristile? un aspect nouveau s'offre aux regards ; à chaque pas que fait le spectateur, la situation des colonnes varie et se diversifie par rapport aux objets qu'il découvre au-dehors.

» Le plaisir que cette variété faisait éprouver à un peuple (les Grecs) qui en sentait tout le charme, l'a dû déterminer à multiplier les péristiles, et à les consacrer spécialement à la décoration de tous les monuments publics; c'est donc-là le type de *la beauté essentielle* en architecture ; mais pour exciter par ce moyen les mêmes sensations qu'éprouvaient les Grecs, il faut employer, comme eux, les mêmes procédés, et observer :

» 1.° Que dans tous leurs monuments, les colonnes étaient, par leurs dimensions, les parties dominantes de l'édifice, et qu'aucune autre partie de la décoration ne pouvait leur être assimilée en grandeur.

» 2.° Que l'intervalle entre chaque colonne était toujours borné, au plus, à trois diamètres de ces colonnes.

» 3.° Que les colonnes étaient très-peu élevées au-dessus du niveau du terrein naturel, comme sur un socle ou sur un perron d'un petit nombre de marches, et jamais sur des piédestaux, ou sur un soubassement qui aurait diminué la partie de mur à décorer en colonnes, dont par conséquent le diamètre et la hauteur auraient été diminués d'autant ; ce qui leur aurait fait perdre l'aspect colossal qui devait toujours les caractériser.

» 4.° Que les colonnes étaient toujours isolées dans tout leur pourtour, et jamais accouplées, suivant une disposition moderne, qui détruit l'unité dans la décoration ; l'une des causes du plaisir qu'on éprouve «.

Après avoir présenté le type de la perfection dans l'architecture grecque, nous offrirons celui qu'adoptèrent les Egyptiens. Nous devons la connaissance du dernier au citoyen Denon ; voici comment il le trace (1).

» Rien de plus simple et de mieux

(1) Voyage dans la basse et haute Egypte, pendant les campagnes du général Bonaparte, par Vivant Denon.

calculé, que le peu de lignes qui composent l'architecture égyptienne. Ce peuple n'ayant rien emprunté des autres, n'a ajouté aucun ornement étranger, aucune superfluité à ce qui était dicté par la nécessité ; ordonnance et simplicité ont été ses principes, et il a élevé ces principes jusqu'à la sublimité : parvenu à ce point, il a mis une telle importance à ne pas l'altérer, que, bien qu'il ait surchargé ses édifices de bas-reliefs, d'inscriptions, de tableaux historiques et scientifiques, aucune de ces richesses ne coupe une seule ligne; elles sont respectées, elles semblent sacrées; tout ce qui est ornement, richesse, somptuosité de près, disparaît de loin, pour ne laisser voir que le principe, qui est toujours grand et toujours dicté par une raison puissante. Il ne pleut pas dans ce climat; il n'a donc fallu que des plates-bandes pour couvrir et pour donner de l'ombre ; dès-lors plus de toîts, dès-lors plus de frontons. Le talus est le principe de la solidité; les Égyptiens l'ont adopté pour tout ce qui porte; estimant, sans doute, que la confiance est le premier sentiment que doit inspirer l'architecture, et que c'en est une beauté constituante. Chez eux, l'immortalité de Dieu est présentée par l'éternité de son temple; leurs ornemens toujours raisonnés, toujours d'accord, toujours significatifs, prouvent également des principes sûrs, un goût fondé sur le vrai, une suite profonde de raisonnemens; et quand nous n'aurions pas acquis la conviction du dégré éminent où ils étaient parvenus dans les sciences abstraites, leur seule architecture, dans l'état où nous l'avons trouvée, nous aurait donné l'idée de l'ancienneté de ce peuple, de sa culture, de son caractère, de sa gravité «.

Le lecteur appréciera qui des deux peuples a eu l'idée la plus vraie de la grandeur dans l'architecture. Il verra que les Grecs, pénétrés de l'importante vérité que tout ce qui est n'a de coexistence que par des rapports rigoureux, ont mieux apperçu et plus respecté que les Egyptiens, ce lien des choses, ce secret de leur harmonie ; que conséquemment leur architecture, en ne dépassant point la limite au-delà de laquelle elle n'est plus qu'une impuissante et mesquine imitation des œuvres de la nature, a toujours présenté tout ce que les hommes pouvaient dans cet art créer de plus grand et de plus magnifique. Les Egyptiens au contraire en violant les rapports dont nous avons parlé, n'ont laissé que des témoignages de la rivalité qu'ils prétendirent établir entre leurs édifices et les masses énormes que la nature éleva sur les vastes flancs du globe.

CHAPITRE XI.

Le rivage de Pouzzoles est borné du côté de la terre par les champs Flégéréens, surface hérissée de montagnes que les convulsions de la nature formèrent et déformèrent ; lieu où l'œil contemple avec horreur l'hideuse image du cahos, où l'imagination rallume ces volcans éteints qui pourront un jour vomir de leurs flancs caverneux des énormes colonnes de feux et de fumée, un déluge de cendres, de cailloux et de rochers enflammés, qui menacent Cumes et Pouzzoles de la fatale destinée d'Herculanum, de Stabies et de Pompeï, trois villes situées jadis au sud-ouest du Vésuve, ensevelies depuis dix-sept siècles sous des cendres et des cailloux calcinés que couvre un lit épais de laves compactes.

Près de Pouzzoles est la Solfaterra,

volcan toujours en activité, que Strabon appelle *Forum Vulcani*. Ses flancs noircis sont bien ceux d'une forge de Cyclopes où la destruction fait fabriquer ces foudres aîlés qui menacent nos têtes et ceux qui creusent sous nos pas les abymes enflammés qui nous dévorent. De larges et profondes excavations figurent bien les soupiraux de l'atelier principal de Vulcain : ses gueules béantes et ténébreuses sont remplies des vapeurs infectes que le feu chasse avec violence de la Solfaterra. Les environs du volcan présentent les détails et l'ensemble de la désolation : la nature n'ose s'y montrer même sous l'humble forme de la plus petite des plantes. L'air fuit un séjour où l'odeur de foie de soufre corrompt sa pureté et empoisonne son soufle bienfaisant.

On recueille sur ce volcan du sel ammoniac inférieur à celui que donne le Vésuve, et ces cristallisations précieuses d'un beau rouge, qui sont le produit du soufre et de l'arsénic.

L'Astruni éteint depuis long-tems est orné de beaux arbres. Son cratère enfoncé dans la vaste gorge qui vomissait des flots enflammés de lave, aujourd'hui entouré de murs, est un Parc-royal destiné à la chasse du sanglier.

Monte-Nuovo, comme je l'ai fait observer antérieurement, a cessé de lancer sur la contrée cette pluie de cendres et de pierres ponces que le Vésuve et l'Etna élèvent toujours de leur inépuisable sein.

Si ces deux volcans effrayent toujours Naples et la Sicile, d'autres perpétuent leurs fureurs dans les diverses parties du monde; je vais en donner le tableau que j'extrais de l'Histoire naturelle des volcans, par M. Ordinaire ancien chanoine de Riom.

VOLCANS D'EUROPE,

qui sont encore allumés.

Le Varénius, situé sur le golfe Adriatique dans l'Albanie actuelle, jette des flammes et de la fumée.

L'Islande en contient sept, qui sont l'*AEcraise* ou l'*Oraife*, le *Pontland-Boukt*, le *Kotlegau*, l'*Hécla*, le *Chaptan-Gluver*, le *Westeriækel* et le *Krafle* remarquable par la grande quantité de matières vitrifiées qu'il vomit. Il faut ajouter à ces premiers, ceux que Magnus Stephenson, auteur Danois, a fait connaître en donnant les dates de leurs diverses éruptions depuis l'an 1000; tels sont *Ildborger - Hraun*, *Turrar-Hraun*, *Trollegender*, *Reikenèse*, *Socleim*, *Roidekambe - Field*, *Knappefelds*, *Lille - Hered*, *Hosde*, *Thingvalla*, *Myradalur*, *Myrdals*, *Kattlégiaa*, *Leermicks*, *Krafte*, *Hrossedal*, *Reiheklider*, *Myrvatn*.

Trois des îles Éoliennes ou de Lipari, jettent des feux; celles de *Stromboli*, de *Volcanello* et de *Valcano*. Le *Stromboli* se distingue des volcans connus, en ce qu'il lance continuellement des flammes, sans avoir présenté de grands symptômes volcaniques depuis près de deux mille ans.

VOLCANS DE L'ASIE,

qui sont encore allumés.

Les cinq volcans en activité dans la partie méridionale du Kamtchatka, sont le Kamchatkaïa, le Tolbatchia, le Joupanouskaïa, le Chévélitche et l'Awatcha. Le comte Béniouski compte vingt volcans en activité dans cette péninsule; mais ne fait connaître ni leur nom, ni l'emplacement de ceux qui ne sont pas compris dans la nomenclature ci-dessus.

Varénius indique des volcans à quelques journées de marche au levant de l'Oby, et d'autres encore situés sur les bords de la rivière Piasida ; ce sont vraisemblablement ceux dont Baudran fixe la position vers les sources du Jennissée, et leur nombre précis à trois seulement. Ils se trouveraient alors dans la partie de l'Altaï, qui sépare les états du Contaisch, ou grand Khan des Eleuths, de ceux du Vang ou Khan des Kalkas, au 50.e degré de latitude, 117 degré de longitude.

Le père Martin Martinius, dans son *Atlas Chinois*, dit que dans le Tibet, l'Indostan et le Camboje, on trouve des volcans sans désigner autrement leur position.

Le mont de la Chimère ou le Gorante, est au sud-ouest de la Natolie propre ; son pied est baigné par la Méditerranée ; son sommet très-élevé jette habituellement de la fumée, des étincelles, et quelquefois des flammes.

Plusieurs auteurs assurent que quelques montagnes de la Perse lancent des feux ; mais les seuls volcans connus avec précision, sont le mont Elbours, vers l'extrêmité orientale de l'Irak-Agémi, au 33.e parallèle, et le Cophant dans le Chorasan, province au nord-est de l'Irak ; on assure que ce dernier a des éruptions très-violentes.

Les îles Kouriles renferment neuf volcans ; savoir, Alaid, Poromousir, Ikarma, Tchirikoutan, Rakkok, Étopow, Montova, Ichirpo-oi, et un neuvième voisin de celui-ci.

On connaît dix volcans dans les îles du Japon. Celle de Niphon, la plus considérable, en contient trois ; Jetchus à son nord, Fési au couchant de Jédo, et Siné-Parama au nord de Méaco, résidence du Daïri. Dans l'île de Kiu, au sud-ouest, et très-près de Niphon sont, du nord au sud, Figo,

Unsen et Aso. Les deux derniers sont sujets à de violentes éruptions. Kiusima, petite île avec un volcan, est située à un degré nord de Nangasaki. Au sud de l'île de Kiu, vis-à-vis Satzuma, est l'île de feu. Au sud de Jédo, c'est-à-dire, au 32.e degré de latitude, et au 137.e degré de longitude, est l'île du Volcan ; et au nord des îles de Liquéjo, partie qui relève du Japon, est un autre volcan.

L'Archipel des Mariannes ou Larronnes, contiennent les volcans ci-après.

Un, placé au 27.e degré de latitude, et au 162.e de long. dans l'île dite du Volcan.

Un second, au même parallèle, et au 164.e degré de long. dans une île sans nom.

Un troisième, au 25.e parallèle, et au 163.e degré de long. dans l'île S. François.

Un

Un quatrième, au même parallèle, quinze lieues plus à l'est, dans l'île S. Antoine.

Un cinquième, vers le 24.e parallèle, et au 64.e de long. appellé le volcan S. Denis.

Un sixième, au même parallèle que le précédent; mais au 165.e de long. dans une île appellée *Volcan*.

Un septième, au 23.e de latitude, 175.e de long. dans l'île dite du *Grand-Volcan*.

Un huitième, au même parallèle que le précédent, mais au 178.e de long. dans l'île *Volcano*.

L'île de l'Assomption a un volcan qui ne cesse de vomir une fumée sulfureuse, dont l'odeur se fait sentir à plus d'une demi-lieue en mer.

Tous les auteurs assurent que dans l'Archipel des Manilles ou Philippines, composé de près de douze cent îles, il y a beaucoup de volcans; mais on n'en connaît d'une manière précise que cinq, trois dans l'île principale de Luçon; l'un à Albay, celui de Majongo, et le troisième qui s'est ouvert pour la première ou la seconde fois, en 1754, sur une haute montagne au milieu d'un lac. Il y en a un quatrième dans l'île de Tandaïa, à la pointe nord-est de celle de Zébu, connue par la mort de Magellan : Varenius en indique un cinquième dans l'île Mésindique, au sud et très-près de la grande île de Luçon.

Il y a un volcan à Ormus, à l'entrée du golfe Persique. Des feux intérieurs dévorent cette île quoiqu'elle soit toute de sel : on y manque absolument d'eau; les habitans viennent en chercher sur le continent.

Le pic d'Adam, dans l'île de Ceylan, célèbre par sa grande élévation, est sujet à des éruptions.

L'île de Sumatra contient quatre

volcans connus; le premier est au nord-ouest, et près d'Achem; on recueille beaucoup de soufre dans ses environs; les Malais l'appellent *Balaluan* à cause de l'abondance de ses feux. Le second, est à peu de milles du mont Ophir, vers le milieu de la longueur de l'île. M. Robert Nairne, le mesura en 1769, et trouva que son élévation, au-dessus du niveau de la mer, était de 13,842 pieds, et que celle de l'autre volcan qui l'avoisine est de 12,445, élévation supérieure à celle de l'Etna. Le troisième s'élève près d'Jndrapour: ces trois volcans sont peu distans de la mer; le quatrième en est plus éloigné, et est placé à environ quatorze lieues du fort Marlborough, près Bencoolen.

L'île de Java a deux volcans bien connus, le premier est près de Panarucan, au nord-est, et le second est celui de Tagal, marqué dans une carte de cette île, levée par ordre de la compagnie Hollandaise des Indes orientales.

L'étendue de l'île de Bornéo, son état très-montueux, et sa situation entre une multitude d'îles incendiées, font présumer que plusieurs de ses sommets sont volcaniques : mais on sait que les peuples nombreux qui l'habitent, écartent les Européens de l'intérieur du pays, et qu'ils leur permettent à peine d'en aborder les côtes.

Parmi les îles Moluques, Ternate, Tola, Sorca et Banda donnent leurs noms aux volcans qu'elles renferment; celui de Banda s'appelle encore le *Gounapi*. Entre Timor et Céran, vers le 6.e dégré de lat. sud, 144.e de long., se trouve, dans une petite île, une haute montagne brûlante, vue par Dampierre en 1699 ; trente lieues à son sud-est, il en est une autre nommée *Damma*, qui a pareillement un volcan. Sangir et Sjaw, deux îles au sud-est de Mindanao, brûlent aussi.

Le capitaine Bligh reconnut, le 22 août 1789, un volcan sur une haute montagne, dans l'île de Flore, ou Mangerye, à trente lieues à l'occident de Timor. Ce volcan paraît avoir des éruptions si formidables, que le sol de l'île où il est, semble entièrement brûlé.

Au cinquième parallèle sud, vers le 165.e dégré de long. est l'île Brûlante, sur la côte occidentale de la Nouvelle Bretagne, à l'entrée du détroit qui la sépare de la Nouvelle Guinée : son volcan était en éruption, quand Lemaire et Schouten l'apperçurent ; Dampierre l'a reconnu, ainsi qu'un second, dans une petite île un peu plus au sud-est, près de la côte de la Nouvelle Guinée. Baudran en place trois autres dans ce voisinage, mais sans leur donner de nom. Dampierre, en 1700, en vit deux dans l'île même de la Nouvelle Guinée, dont l'un était alors dans un prodigieux travail.

VOLCANS D'AFRIQUE

qui sont encore allumés.

On ne compte que huit volcans en activité sur le continent d'Afrique, dit le jésuite Kircher, d'après les missionnaires ses confrères ; savoir, deux dans le Monomotapa, quatre dans l'Angola, le Congo et la Guinée ; un en Abyssinie, et un en Lybie ; mais, ajoute-t-il, les vestiges de ceux qui y ont existé, annoncent qu'ils ont été en nombre infini. Il est probable que celui de Lybie est la caverne de Benigua-Zéval, au royaume de Fez, d'où sort continuellement de la fumée, et souvent de grosses flammes.

Dans les îles qui appartiennent à l'Afrique, et parmi lesquelles beaucoup de géographes comptent les Açores, nous avons les volcans de Fayal, de Pico, et de S. Michel ; parmi les Canaries, ceux de Palma et le Teyde ; et dans les îles du cap Verd, celui de S. Philippe del Fugeo. Il y a un volcan dans l'île de l'Ascension, au 8.e dégré de lat.-sud, 4.e de long. A l'orient de cette partie du monde, le Jibbel-Téïr est dans la mer Rouge ; son sommet a quatre ouvertures qui vomissent de la fumée, et quelque fois des flammes. L'île dans laquelle il est situé, et qui porte son nom, peut avoir douze lieues de tour ; elle est couverte de soufre et de pierres-ponces.

Le volcan de Bourbon, ou la montagne Rouge, et celui d'Amsterdam, sont dans l'océan Indien. M. Brunel a publié les détails d'une éruption du premier. qui eut lieu en 1787. La lave descendit dans la mer depuis le 24 juin jusqu'au 1.er août.

VOLCANS D'AMÉRIQUE qui sont encore allumés.

Amérique septentrionale.

Bruzen de la Martinière place un volcan dans le Groënland. Le capitaine Cook en reconnut un marqué sur toutes les cartes à l'intersection du 61.e dégré de lat. et du 221.e de long.

Dom Maurelle en découvrit un au 59.e dégré de lat. 227 de longit. qui était plus élevé que le pic de Téneriffe.

Cook en vit un d'une hauteur prodigieuse à la pointe d'Alaska, au 55.e degré de lat. 214 de long. à la même latitude, mais au 237.e de long. Dom Maurelle avait découvert des volcans, est-il dit dans le vogage de Lapeyrouse. On lit dans le même ouvrage, que ce navigateur Espagnol en avait apperçu un au 41.e degré de lat. au nord du cap Mendocin.

Le père Aléxandre Pérez en indique

cinq dans la Californie, trois dans l'intérieur de cette grande presqu'île, et deux sur ses côtes.

Les suivans appartiennent au Méxique, à l'exception de trois ou quatre qui sont dans la mer du sud. Rapprochés de la mer du nord, tous les autres sont peu éloignés de celui de Colima, dans la province de Méchoacan. Ce volcan très élevé, est d'un volume immense. Il a deux pics isolés, ouverts, et qui lancent des feux et des laves. On trouve à son pied l'Oléacazan, plante qui répare les forces de l'homme, et antidote universel : plus, Popocatépec, près Tlascala, Popocampêche, probablement dans le Jucatan, non loin de la ville de Campêche.

Acapuco est au sud-est, et à peu de distance de la ville de ce nom, qu'il vient de détruire. Les autres sont Soconusco, Coatlan, Mano-Blanco, près Truxillo dans le Honduras, las Amilpas, Sapotitlan, Sacatépec, ou Suchitépec, S. Jacques de Guatimala, Amatilan, Isalcos, Sonsonate, ou la Trinité, San-Salvator, Cataculo, S. Michel, Cocibina, el-Vejo, ou le vieux volcan, Réaléjo, Télica, Granada, S. Léon, Pico, Anion, Mont-Bacho, ou Bombaco de Rogers, Massaya au nord du lac Nicaragua, Ométépéc dans une petite île du même lac, Devil's-mouth, Carthago, dans Costa-Rica, au nord et très-près de la ville du même nom; trois autres au nord-ouest de cette ville, placés à peu de distance les uns des autres par Damville et Varu, que ce géographe fixe au 9.e degré de lat. et au 295.e de long.

Amérique méridionale.

Les volcans de cette partie du monde sont :

Vélez, à l'ouest et près la ville de ce nom, au 6.e degré de lat. 305 de long.,

Carthago dans la province de Popayan, Tocaïma, à six lieues au nord-ouest de Santa-Fe de Bogota, Coconucos, ou Cocunicos, à quinze lieues à l'est de la ville de Popayan, los-Pastos, ou Catambuco, à trente-six lieues sud-ouest de la même ville, Quinbaya, ou Cumbal, à quinze lieues au sud de Catambuco.

Les volcans du Pérou, à l'exception des deux derniers, sont très-rapprochés. Ils sont placés entre le 1.er degré de lat. nord, et le 4.e de lat. sud; et entre le 298.e de long. et le 302.e

Le Carappa, ou Cayapas, Cayambour, à douze lieues au nord de Quito, le Pichinca, au pied duquel est située la ville de Quito, le Corason, le Maspa, le Cotopaxis, le Coca, le Sinchonalagon, l'Antisana, le Pinta, le Cargaviraso, ou Carguayraso, qui vomit en 1698 un effroyable torrent de boue; l'Illinicas, l'Ygualaga sur la rivière de

Bamba, la Chimboraco, le Sangay, ou Songai ou Macas, le Lucanas qui s'ouvrit pour la première ou la seconde fois lors du bouleversement de Lima, l'Aréquipa, à trois ou quatre lieues au nord de la ville du même nom.

Les volcans suivants sont dans le Chili, et placés entre le 27.e et le 51.e degré de lat.-sud; ils sont entre le 305.e et le 307.e de longitude.

Le Copiaco a dans son voisinage des mines d'où l'on tire l'or le plus parfait; le Coquimbo, le Chuapa, le Ligua, le Pétérora, le Chillan, l'Antoco, le Notuco, le Villa-Rica, l'Osorno, le Chuanauca, le Quéchucabi, le Minchimavida, le S. Clément, los-Gigantes, l'Auton, dans la province de Chucuita, et trois autres dont les noms sont ignorés.

L'écartement prodigieux des îles de l'Amérique, oblige d'appeller divisément, 1.º celles qui sont à son couchant, 2.° celles à son midi, 3.° celles à son levant.

1.° M. Tooke, en parlant des Kouriles, nomme quatre des îles aux Renards, au sud et très-près de la grande pointe d'Alaska ci-dessus déterminée, comme ayant chacune un volcan en activité; ce sont Ouminga, Ounalaska, Omnak et Goreloi près de Tagalun. Il en reconnaît dans celles d'Aleouski, qui sont au sud-ouest des premières; Kanaga et Tatavanga. L'île de la Trinité en contient un situé au 56.e degré de latitude, 228 de longitude.

Baudran en place un à Sésarga, près Sainte Croix, une des îles dites aujourd'hui de la *Reine Charlotte*, au 10.e degré de lat. sud, 181.e de long.: Cook en parle également. Il y en a un aux nouvelles Hébrides, ou archipel du S. Esprit, vers le 15.e degré de latit. sud, 184 de long. Les îles Tofoa, Kao et Tana, dites des Amis, en contiennent trois. Le capitaine Cook, qui vit le premier de ces volcans en 1774, dit qu'il est très-élevé, et que de son immense cratère il lançait des pierres monstrueuses ; celui de Tana était en éruption le 15 avril 1793, lorsqu'il fut apperçu de la frégate envoyée à la recherche de M. de la Peyrouse. Il est présumable qu'il existe des volcans dans la multitude infinie d'îles qui s'élèvent du grand océan Pacifique, mais ils sont inconnus.

2.° Au sud du continent Américain est l'île appellée Terre de Feu, où M. Damville place deux volcans ; l'un presque en face du cap Froward, le second au centre de l'île. Ce dernier s'appelle le Névado.

3.° A l'est, et parmi les Antilles, sont S. Christophe, Névis, la Guadeloupe, la Dominique et S. Vincent, dont les volcans fument et sont scintillans, mais sans éruptions connues.

Ainsi, en rejettant de l'énumération précédente les volcans vaguement indiqués par Olaüs, Thomas Pennant, Beniouski, Varénius, Baudran, le père Martinius et Kircher, on trouve deux cent cinq volcans allumés sur le globe, dont quatre-vingt-dix-huit sont continentaux, et cent sept insulaires; en Europe, deux continentaux et vingt-cinq insulaires; en Asie, huit continentaux et cinquante-deux insulaires; en Afrique, onze insulaires, et en Amérique, quatre-vingt-huit continentaux et dix-neuf insulaires.

En observant, dans le tableau ci-dessus, que les neuf dixièmes des volcans des continents sont très-voisins de la mer, que ceux des îles sont bien plus nombreux que les premiers; on en concluera que le bassin des mers contient plus abondamment les matières propres à l'éruption et à l'aliment des volcans; et, en effet, les eaux qui couvrent ces immenses abymes, tiennent en dissolution un grand nombre de sels, et roulent beaucoup de bitume. Ces eaux elles-mêmes, par leur vaste expansion (1), expliqueraient seules les horribles détonations des volcans, l'ébranlement de la terre, le jet et le brisement de ces rochers énormes que toutes les forces humaines réunies, ne pourraient mettre en mouvement.

Du pied de la Solfaterra, nous entrerons dans la plaine d'Agnano, non pour y voir le lac de ce nom, et sa grotte du Chien tant décrite. Je ne veux point payer au Lazaroni qui la montre, les cruelles suffocations qu'il fait éprouver à son malheureux chien ; mais je trouverai sur les bords du lac Agnano, le chemin qui aboutit à la route de Pouzzoles à Naples, près du point où

(1) L'eau réduite en vapeur, occupe un volume 13 à 14 mille fois plus grand que celui de son état naturel.

cette route traverse la montagne du Pausilippe. Là est une autre grotte trop connue pour y découvrir quelque chose qui n'ait point été apperçu ; d'ailleurs le tombeau de Virgile, non loin de-là, demande le culte qu'on doit au créateur d'ouvrages immortels. Un seul laurier ombrage la tombe de cette cendre vénérée ; mais tous les êtres perfectionnés par l'instruction depuis le siècle d'Auguste jusqu'à nos jours, lui ont consacré des autels couverts des offrandes du sentiment et de l'admiration. Le général Bonaparte, le front ceint des lauriers de la victoire, éleva, près de Mantoue, un monument à l'auteur des Géorgiques et de l'Énéïde.

CHAPITRE XII.

NAPLES, dont on connaît l'heureux site sur le golfe qui porte son nom, dont les édifices principaux sont parfaitement décrits dans beaucoup d'ouvrages, n'offre plus rien à recueillir aux voyageurs qui, comme moi, sont précédés par une foule de savans, de littérateurs et d'artistes; mais je contemple cette capitale avec un orgueil national, qui l'embellit encore aux yeux d'un Français; je crois entendre battre le pas de charge au pied de ses murs. Je vois s'avancer l'armée Française, commandée par le général Championet. Elle entre avec moi dans Naples, et ajoute, par cette prise de possession, un royaume de plus à la nombreuse liste de nos conquêtes.

Vingt mille Français, que quatre-vingt mille Napolitains menacent d'envelopper et d'exterminer , dispersent, dans une campagne de soixante jours, toutes les forces du roi de Naples , et s'emparent de toutes ses possessions continentales ; lui-même est obligé de leur céder le siége de sa puissance, et de chercher une retraite au pied même de l'Etna.

Voyons les principales opérations de l'armée victorieuse.

Le général Championet se voyant attaqué inopinément par des forces supérieures, voulut réunir les siennes pour résister au torrent qui menaçait de l'engloutir ; en conséquence il fit évacuer Rome , et ne laissa de garnisons que dans les forteresses les plus importantes. L'armée Française se concentrait dans les premiers jours de frimaire de l'an sept, au moment où l'armée Napolitaine commençait ses opérations actives.

Le 10 brumaire, le général Rusca

se trouvant en mesure d'attaquer l'ennemi, se transporte à Porto-Fermo, le culbute après un combat de deux heures, et lui prend son artillerie, ses caissons, ainsi que ses bagages.

Le 14 du même mois 40,000 Napolitains attaquent le général Macdonal qui les repousse sur tous les points, leur prend vingt-cinq pièces de canon et plusieurs drapeaux : la déroute fut si complette, qu'ils perdirent une grande quantité d'effets de campement et leur caisse.

Après dix-sept jours de combats glorieux, l'armée Française passa de la défensive à l'offensive, et conquit rapidement le royaume de Naples. Le général Le Moine prit Aquila le 27 frimaire, le général Kellermann fils, avant cette éqoque, avait battu M. de Damas, et soumis Viterbe. Bientôt après le même général réuni au général Rey, força Gaëte à capituler, quoiqu'elle fût défendue par 4,000 hommes, 70 pièces de canon, 22 mortiers et 7 felouques armées.

Les débris de l'armée Napolitaine, réunis à des paysans et à des lazzaronis qu'on avait bien armés, enveloppent, le 2 pluviose, l'armée victorieuse, et veulent, par un dernier effort, sauver la capitale de leur pays de la honte qui la menace ; mais les assaillans sont repoussés de toutes parts. Après trois jours de combats opiniâtres et sanglants, les vainqueurs entrent dans Naples où ils établissent leur quartier général.

Les Français furent reçus comme des libératenrs par cette nombreuse et respectable classe qui compose le vrai peuple chez toutes les nations civilisées; la canaille seule les vit avec haine, et commit des excès qui furent promptement réprimés. La conduite des habitans de Naples prouva que la nation

Napolitaine ne partageait point la haine ou les craintes de sa cour, et qu'on ne devait imputer qu'à celle-ci d'avoir rompu des rapports plus avantageux à ses sujets qu'à la nation Française.

Ce royaume était anciennement connu sous le nom de Grande Grèce ; il forme le pied de la botte, est bornée au nord-ouest par l'Etat de l'Eglise, et entouré de tous les autres côtés par la Méditerranée et la mer Adriatique. Sa surface est d'environ 1260 milles carrés, et sa population est évaluée à six millions. Son établissement militaire pendant la paix est de 30,000 hommes. Ses forces maritimes sont composées de quatorze bàtimens armés de toute grandeur. Ses revenus se montent à 31 millions 600 mille francs. Son territoire produit beaucoup de grains de diverses espèces, d'excellents fruits, des oranges, de l'huile, des vins exquis, et entr'autres le *Lacrima Christi*, du lin et de la soie, de la manne de la meilleure qualité, et du safran. Ses principales productions minérales sont l'alun, le vitriol, le soufre, le cristal de roche et le marbre.

FIN.

TABLE DES MATIÈRES

contenues dans ce volume.

A

B

C

F

G

I

J

L

M

N

O

P

R

S

T

V

Fin de la table des matières.

www.ingramcontent.com/pod-product-compliance
Ingram Content Group UK Ltd.
Pitfield, Milton Keynes, MK11 3LW, UK
UKHW020955230726
13923UKWH00007B/405

9 782016 132456